【実録】日本食堂の正直改革

―国鉄改革の一真相―

竹田正興

晶文社

装幀デザイン　うちきばがんた

【実録】日本食堂の正直改革

――国鉄改革の一真相――

まえがき

今、『鉄道一五〇年史』が関係者によって編纂されて、間もなく全五巻の堂々たるメインの日本鉄道史が出版されようとしている。その中心に書かれるのは、三七年前に実施された国鉄改革であり、ＪＲの誕生とその後に及ぶと思われる。

確かに国鉄改革にあって、本体の鉄道部門が歴史の中心になることは当然であるが、鉄道関連事業も鉄道本体に勝るとも劣らない大改革を迫られていた。

その代表例が、かつて我が国外食産業トップに君臨していた日本食堂（株）（以下日食）である。日食は「日食不要論」が台頭するなか、存亡の危機を迎えていた。実際、ＪＲ東日本が一〇〇％出資子会社「ＪＲ東日本レストラン」を新設し、「日食不要論」の具体化に踏み切るなど、危機は現実味を帯びていた。

日食はこうした危機のなかで、果敢にＪＲ新体制下の大チェンジに挑み、「日食不要論」を払拭し、ＪＲ東日本の有力子会社となった。さらに旧態依然の企業体質から脱皮し、正直に、正確に、品質本位の「日食正直改革」を実行、食サービスの高品質化を実現し「日本レストランエンタプライズ」（ＮＲＥ）として更に世界に向けて大飛躍を試みたのであった。

列車内販売サービスは、一九九八年の長野冬季オリンピック時には世界一の水準まで高め、レストラン、弁当営業では品質第一の食材等仕入れ、セントラルキッチン、配送の一貫システムを構築、駅そば営業改善、東京駅弁当売店の躍進など、品質本位の施策は成功した。

更に「NRE有機主義宣言」のもとに弁当革命を経て世界初の有機米使用の冷凍弁当を調製、米国サンフランシスコ郊外に工場を建設し、「オーベントー」の名のもとに米国内で販売を開始し、世界への提案の第一歩を踏み出すに至った。


本書は、我が国最大の老舗列車食堂会社でもあった日食の国鉄改革後の奇跡の人チェンジと「日食正直改革」の経過を追い、鉄道への貢献心あふれる日食社員の驚くべき活躍と鉄道関連事業の実像を回想したものである。

併わせて「オーベントー」の米日両国での販売に当たって巻き起こった日本農業団体による猛烈な反対騒動と日本農業再生の鍵を見出したオーベントー販売の意義と価値を明らかにし、参考にして頂くと共に、最後の日食社長、初代NRE社長としてその真実の歴史を後世に記録として残すものである。

茲に本書を、日食大チェンジと正直改革に協力していただいたパートタイマーを含む多くの社員の方々と執筆中に他界した妻紀美子に捧げさせていただく。

二〇二四年一一月吉日

竹田正興

目次

Ⅱ　JR東日本は日食不要論だった

Ⅳ 日食の正直改革は、先ず「旧弊(きゅうへい)、悪弊」を正すことから

I

国鉄分割民営化に伴い、日本食堂も地域分割

1 あえて新本社ビルを竣工させた日食加賀谷社長

①日本食堂―創業以来持ち続ける鉄道貢献心

我が国で初めて列車食堂が走ったのは、鉄道開業から二七年年経った一八九九年（明治三二年）山陽鉄道会社線・京都―三田尻（現・防府）間の急行列車で、初の食堂車は神戸市在住の自由亭（後の〈株〉みかど）主人後藤勝造氏が営業に当たったとされている。

昭和に入ると鉄道は興隆の一途をたどった。一九三〇年（昭和五年）には東京―神戸間を結ぶ特急つばめ号が運行されたが、所要時間は九時間を要したため当然食堂車が連結された。昭和一〇年代に入ると我が国の列車食堂営業も戦前における黄金期を迎えるのだった。

こうして日本食堂設立前年の一九三七年（昭和一二年）には、列車食堂営業網は東海道、山陽、山陰、九州、東北、常磐、奥羽、北海道等の全国の特急、主要急行列車線に及んだ。

列車食堂車請け負い事業者も（株）みかど、精養軒（株）、東洋軒（株）、東松軒（株）、共進亭（株）、伯養軒（株）の主要六社と松葉館、浅田屋などが、列車別に長距離区間の食堂車営業を行っていた。

一九三八年（昭和一三年）に至り、鉄道省旅客課長と列車食堂主要六業者で構成する「食堂車業務改善協議会」が、「列車食堂営業を統合して新会社を設立してはどうか」との改革案を提示し、鉄道省旅客課長・堀木鎌三氏によって、列車食堂車請負六社を糾合して創立されたのが日本食堂（株）なのである。

いわば官設民営の日本食堂（以下日食）は、創業以来鉄道発展の歴史と共に、北は稚内から南は鹿児島まで全国列車食堂営業網を巡らし、ピーク時約八〇〇〇人の社員を擁して一九七八年（昭和五三年）まで列車食堂営業主体で我が国の外食産業トップに君臨していた。

そして日食の真価は、『日本食堂六〇年史』によれば「会社発足以来戦時、敗戦、占領時代には、食堂車営業継続の物資の調達にも困難を極め、代用食の研究から鉄道パンの販売、国立の山林を開墾しての直営農場の開発、小田原製塩所の開設など、まさに塗炭の苦しみの中での事業運営の継続努力を重ねた『社員の鉄道貢献心努力』にあった」といえる。

それがあってこそ、日食は、復興から我が国最大のイノヴェーションとされる一九六四年（昭和三九年）東海道新幹線開業に当たって帝国ホテル、都ホテル、ビュッフェ東京と共に、その年秋の東京オリンピックや六年後の大阪万博などの大イベント旅客輸送で、世界一の新幹線列車食堂営業の大役を担ったのである。

②かつての外食産業トップからの凋落

ところが、列車食堂主体の日食は、一九七一年（昭和四六年）頃から始まる近代外食産業化に遅れをとった上、一九七五年（昭和五〇年）頃からマイ・カー拡大で「旅客の国鉄離れ」による食堂車営業の廃止も相次ぎ、国鉄同様に事業衰退の様相が顕著になってきた。

一九八五年（昭和六〇年）の国鉄ダイヤ改正では、九州ブルートレインと北海道を除く在来線の列車食堂車が全て廃止され、食堂車営業としては帝国ホテルなど三社と競合する東海道山陽新幹線の列車食堂営業が頼りの会社になってしまった。

そんな中、日食は、外食コンサルタント土井利雄氏指導のもと「ビールも飲める大人のハンバーガーショップ店・サンディーヌ」を一九八一年（昭和五六年）以降新橋駅はじめ全国主要駅に七〇店舗ほど展開するなど、遅ればせながら近代化に懸命の巻き返しを図ったが、外食企業売上高ランキングでは、それまでトップにいたものが、一九七九年（昭和五四年）には小僧寿しチェーンに抜かれ二位に転落、五年後にはトップ一〇からも消えてしまった。

外食企業ランク低落始まる

	売上高ランキング	売上高
1979年（昭和54年）	①小僧寿しチェーン	531億円
	②日本食堂	433
	③日本マクドナルド	404
	④国際食品開発（二幸）	314
	⑤養老乃瀧チェーン	310
	⑥プリンスホテル料飲部門	284
	⑦すかいらーく	277
	⑧日本ケンタッキーフライドチキン	276
	⑨ニュー・トーキョー	262
	⑩ロイヤル	260

更に、一九八七年（昭和六二年）に国鉄が分割民営化されたことから、弱り目に祟り目の日食も、北海道、九州、東海、西日本を各ＪＲ単位に分割することになり、これらを子会社にして分割譲渡したため、残った親日食は、ＪＲ東日本旅客鉄道（以下ＪＲ東日本）との資本関係もなく、事業基盤は一気に弱体化し孤立化した。

なお、一九八七年の国鉄分割民営化時に残っていた九州ブルートレーンの食堂車営業は一九九三年三月に終わり、東海道山陽新幹線の食堂車も、新幹線鉄道の本格的高速化に伴い、二〇〇〇年三月一〇日に廃止され、我が国の主たる列車食堂営業はここに終了したのであった。

③ 会社分割後の親会社日食は、もぬけの殻状態

会社分割後の親会社日食は、主力の東海道・山陽新幹

線食堂車・車内販売営業、東京駅、新大阪駅などの新幹線ホームの弁当販売などをジェイダイナー東海（JD東海）、日食西日本に譲渡したため、極端に言って、列車営業については、もぬけの殻状態になってしまった。

と言うのもJR東日本エリアに縮小した列車内販売営業のメインは、一九八二年（昭和五七年）大宮開業し、三年後には上野駅まで延伸したものの、まだ東京駅に乗り入れ前の東北、上越新幹線のせいぜい「半車（一両の半分）のビュッフェと車内販売営業」という程度で、主力の列車営業については事業規模、収益力とも分社前の三分の一程度にまでガタ落ちしたのだった。

また、日食の資本関係も個人株主がかなりいて、JR東日本への系列化は不可能に近いと見られていたため、JR東日本や構内営業他社からも冷たい目で見られ、会社分割後の日食はまるで「虎が野良猫」に転落したようであった。

もともと日食の筆頭株主は国鉄共済組合（三三・七％）であったが、これは国鉄改革でJR東日本でなく国鉄清算事業団に引きつがれ、売却対象になった。このような国鉄系の所有日食株は他に鉄道弘済会（一六・七％）、日本交通公社（八・三％）にも所有され、合わせて五八・七％で、これらはJR東日本の買い取りは可能であった。

然し、二位株主は会社創立時からの旧精養軒岡本家（二一・四％）で、その他伯養軒（一〇・一％）、個人株主も六〇名余（九・八％）で非国鉄系株主の持ち株は、合わせて四一・三％もあった。

ＪＲ東日本が「これら非国鉄系個人持ち株を買いとる理由は有り得ない」ことから、日食で、所在や権利関係などややこしい個人株式を残らず整理、買い取りの上、ＪＲ東日本に適正に引き渡せない限り、日食がＪＲ東日本のもとで生き残る術はなく、国鉄改革を機に、日食は一気に会社消滅の危機に瀕（ひん）していたのである。

④ 加賀谷社長の覚悟

ところが、これを承知の日食加賀谷徳治社長は、国鉄改革実施の一か月前、一九八七年（昭和六二年）三月、敢えて東京中央区八丁堀に約二〇〇坪程度の敷地に九階建て延べ三・四千㎡の堂々たる賃貸兼用の新本社社屋を竣工させ、住田正二社長率いるＪＲ東日本に「新築自社本社ビル」を見せつける様な挙に出たのである。

私は国鉄改革で敗れ、本社経理局主計第一課長の職を辞し、国鉄改革初日の一九八七年四月一日、日食にお世話になった。新築本社ビルに賭ける加賀谷社長の日食再生の覚悟など知る由

東京中央区八丁堀　新築日食本社ビル

もなく、新装なったピカピカの新社屋に入社させてもらい、気分も新たに救われた気持ちで、会社の発展に貢献すべく頑張る決意をしたのだった。

ただ、加賀谷社長にお願いしたのは、入社時から三か月ほど勉強期間を頂き、蒲田の富士通電算機学院でコンピュータの勉強をさせてもらうとともに、現場の実態をつぶさに見せてもらうことを願い出た。

実際には東京、名古屋、大阪、岡山、広島、門司、青森、仙台、新潟などの食堂車営業基地、駅食堂、弁当工場、同売店などのほか、新幹線、ブルートレインの食堂車・車内販売乗務も体験し、仕事のやり方、人、金、仕入れの管理、不動産の状況など納得いくまで視察した。

見て回った印象は、「日食は幾つもの癌を患う病人同様で、外科的手術を施さない限り、再起は容易でない」と思った。従業員と接してみると、鉄道旅客への貢献心を持つ純朴で、人柄がよく、温かい心の持ち主が多く好感が持てた。

従って、この会社は、旧弊悪弊を廃し、有効で実効の上がる正しい改善案を提示できて、それを理解してもらえれば、必ずや成功するのではないかとの確信を得た。

2 分割四子会社は各JR系列に、親日食はどん底に転落

① 先ず、一九八七年六月に「にっしょく北海道」、「日食九州」を分割

日食の会社分割は、一九八七年の国鉄の民営分割に従って、JR各社に分割することとなり、先ず一九八七年六月に、にっしょく北海道、日食九州を「日食の子会社」として分割した。

分割新会社は共に身軽なかたちで営業が展開できるよう借入金ゼロで負債は持たせず、従業員の退職手当については、分割時までは日食の負担とし、分離独立した二社は八七年六月以降分の退職金を負担する方式を採った。

・にっしょく北海道（小泉丈夫社長、資本金六千四百万円、社員一七七人移籍）、
・日食九州（大石文雄社長、資本金七千六百万円、社員一七一人移籍）

②続いて一九八八年四月に「ジェイダイナー東海」、「日食西日本」

次に、一九八八年四月、圧倒的な収益を誇る東海道新幹線列車食堂・車内販売営業を持つジェイダイナー東海（以下ＪＤ東海）、準儲け頭の日食西日本を分割し、共に「日食の子会社」としてニュースタートさせた。

・ＪＤ東海　（八田誠社長、足代典正専務、資本金四・九億円、一五六九人移籍）
・日食西日本　（西山公社長、資本金四・九億円、六三六人移籍）

③加賀谷社長、「チェンジング計画」を掲げ起死回生を期す

会社分割、各分割会社の人事、財産分与等は日食本社の加賀谷徳治社長、塩谷豊常務によって策定され、ＪＲ各社の同意を取り付けて実施されたが、新本社を東京八重洲に置くＪＤ東海については全く特別であった。

それは日食の主たる事業は東海道新幹線の食堂車営業であり、その全てを支配するＪＤ東海に日食本社を移す考えもあり得たからである。

これに対し加賀谷社長は、日食本社はあくまでＪＲ東日本の系列下に置くべきだとの考えを貫き、それが通れば、人事などについてはＪＤ東海のやりたい放題を黙認する積りだったようだ。

案の定、ＪＤ東海の専務が内定していた足代典正常務が、八丁堀の日食本社の有力部課長、列車営業部の気鋭の管理職をごっそり引き抜いたため、日食本社には、殆ど年寄り役員と若年社員しか見当たらず、もぬけの殻同然となった。（ただ足代さんの人事はあまりに酷かったので、列車営業部次長の平井進君と勤労部次長高木始君の二人については取り戻しに成功し、両名にはその後日食本社で大活躍していただいた。）

加賀谷社長は後日、「本社企画担当足代常務のそれまでの業務遂行実績の顕著なるをもって、はなむけとして欲張り人事を許した」と言ったうえで、「実はＪＲ東海の葛西敬之常務から『お前さんをＪＤ東海によこすこと』と『浜松町の調理所を渡してくれ』と言う話があったが、お前さんの人事はやんわりお断りし、浜松町の調理所は半分わけにしておいた」との話を打ち明けてくれた。

こうして、加賀谷日食は、人材も殆どＪＤ東海にとられたうえ、主力の東海道山陽新幹線食堂事業をＪＤ東海と日食西日本に譲渡したため、列車営業の事業規模は三分の一に縮小、利益は消滅、ＪＲ東日本の系列化の見込みも全く無しのどん底状態に転落した。

それでも、海軍の静岡県牧之原市大井の航空隊の生き残りで、国鉄スト権スト事件の敗軍の将たる加賀谷社長は、八丁堀の日食新本社ビルに陣取り、この日のために用意していた「日食チェンジング計画」を掲げ、愈々待ったなしになってきたJR東日本の系列子会社化に向けて、起死回生の機をうかがっていた。

④ 先人遺産の重要不動産は離さず守り抜く

加賀谷社長はお金や人事の面では、分割子会社に気前よく分け与えたが、先人遺産の重要不動産については、殆ど手放すことなく積極的に開発して守り抜いた。

東京地区の土地建物等不動産については、八丁堀の賃貸兼用の新本社ビルをはじめ、港区高輪の賃貸ビル建設中の旧品川営業所跡地（二五〇坪）を含め全て日食に残し、JD東海に渡すことは無く、最終的にJR東海から強く要請された浜松町の調理所については、半々でJD東海と共有するにとどめた。

旧品川営業所跡地などJR東日本の鉄道隣接用地をJR東海関連会社に渡すことは、後々JR東日本の土地開発プランに禍根を残すことになりかねず、このような重要不動産を親会社日食に残し、最終的にJR東日本に譲渡することを想定していた加賀谷社長の慧眼はさすがであった。

○港区高輪札ノ辻の旧品川営業所跡地は、日食において、高級賃貸ビルとして三〇年程使用収益したのち、ＪＲ東日本に帰属して、同社田町品川地区開発の第一京浜国道出入りの主要工事用通路として転用されるとの話もあり、重要不動産と目されていて、最終的にＪＲ東日本に売却された。

開発した高輪ＮＳ賃貸ビル

⑤日食大チェンジの元手となる、分割子会社の株式売却代金

なお、分割四社は分割時「日食の子会社」であったが、各ＪＲに対しては早期の株式の買い取りによる「ＪＲ子会社化」を要請しており、翌年には、親日食に約五〇億円ほどの子会社株式売却代金が入った。

然し、考えてみれば、この子会社株式売却代金五〇億円は、大半がドル箱の東海道山陽新幹線の列車営業の売却代金と言ってもよく、主力事業をたった五〇億円で売却した親日食としては、この虎の子の自己資金五〇億円を最有効活用して、大チェンジを達成し、会社再生をはからねばならなかった。

我々は、この五〇億円を元手にして弁当改善で「尾久調理センター新設」、列車営業改善で画期的な「ハンディーポスレジの開発」、仕入れの改善で「北戸田商品本部建設」の元手資金として、日食大チェンジと正直改革を図っていくこととなった。

⑥ とんだ落とし穴、厚生年金基金財政の破綻危機

反面、にっしょく北海道、JR九州トラベルフーズ（日食九州）、JRウェストレストラン（日食西日本）などは分割後いずれも日本食堂厚生年金基金を脱退しており、このことが引き金となって日本食堂の厚生年金基金の成熟度を一気に高めることとなった。

他方一九九一年の経済バブル崩壊後政府日銀の採った超低金利政策の影響で、安田信託銀行にお願いしていた厚生年金の代行分を含む年金基金の資金運用は急速に行き詰まり、その財政の破綻が避けられなくなったため、後に、一九六九年（昭和四四年）設立の同年金基金の解散

をめぐって大紛争となり、労働組合、厚生省と対決することになるが後述する。

3　迫られる経営の大チェンジ、急がれるＪＲ東日本系列入り

①　苦戦する加賀谷社長の「チェンジング計画」

会社分割後の親会社日食は、表向きＪＲ東日本傘下にあるとは言え、主力営業の東海道山陽新幹線食堂車営業をＪＤ東海、日食西日本に譲渡したため、総事業規模は往時の半分以下の収益力しかない小日食に転落していた。

・日本食堂（加賀谷徳治社長、塩谷豊専務・重信実忠常勤監査役・新實茂関東支部長・竹田正興取締役勤労部長・資本金七億円・社員一二五二人残留）

すなわち、一九八八年当時、ＪＲ東日本管内の新幹線車内販売営業は、上野駅発着の東北新幹線、（株）聚楽と二分する上越新幹線の半車ビュッフェと車内販売主体の営業で収益力はガタ落ちした上に、東京駅の東海道新幹線向けの有力弁当売店もＪＤ東海に譲渡したため高収益

源を失い実質赤字転落のどん底経営状態に陥った。

この大変化を想定し、加賀谷社長は「日食そのものを根底から変換させよう」と新ＪＲ発足直前の一九八七年（昭和六二年）二月四日全国部所長会議で「日食チェンジング計画」を始動させていた。

国鉄民営化で皆の目が新しいＪＲと私たちに向けられています！

チェンジング計画・会社の基本理念
―真のサービス業を目指して―

一　お客様第一に徹する
二　チャレンジ精神をもって前進する
三　会社の発展を通じて、社会に貢献する

チェンジング計画・誓いの言葉

一　私たちは、お客様との触れ合いを大切にします。
二　私たちは健康です。清潔です。

三　私たちは職分を超えて互いに協力します。
四　私たちは、常に目標を掲げ、達成にチャレンジし続けます。
五　私たちは、成長し続けます。

このチェンジング計画は、加賀谷社長の新しい民営分割ＪＲ時代に向けての最後の旧日食変革計画の第一歩となるはずのものだった。

我々社員は毎日のように会社の基本理念、誓いの言葉を唱和したが、残念ながら加賀谷社長時代に、この「チェンジング理念」が実践され成果を上げたのは、土井利夫先生指導のハンバーガーショップ・サンディーヌ営業の成功だけで、旧弊にドップリ浸かった日食そのものの企業体質は、笛吹けど踊らずで、不動であった。

②急がれる日食のＪＲ東日本系列化入り

日食分割四子会社は全てＪＲが株式の買い取り、直系子会社化が約束されていたが、親会社日食だけは「野良猫」同様で頼れる相手が定まらず、ＪＲ東日本の住田社長は日食不要論であることは間違いなく、ＪＲ東日本の資本系列化は、出資ゼロのままでは誰が見ても不可能で、

ＪＲ関連主力企業入りしての再生復活は絶望的に見えた。

新ＪＲ時代に入って、ＪＲ東日本の系列企業による新しい業界編成、事業拡大はどんどん進んでおり、時間の経過とともに、日食の入り込む余地は無くなり、ＪＲ東日本への系列化は早くしないと、全て後の祭りとなるのは必定だった。

II

ＪＲ東日本は日食不要論だった

日本食堂
NIPPON SHOKUDO

1 JR東日本の「日食不要論」、三つのわけ

JR東日本は一九八七年四月の発足直後に、突如一〇〇%出資の「JR東日本レストラン」を新設した。更に同年九月に国鉄時代からの「弘済食品(株)」、「(株)レストラン東京」を吸収合併して、経営幹部は味の素(株)から田中二郎氏などを招致、田中氏を新社長にして、住田正二社長自らも敢えて会長に就任した。

この動きは、JR東日本は「JR東日本レストラン」を嫡出子として、「日食当てにせず」というものであり、この時点で既に「日食を嫌ったわけ」は、少なくとも三つ考えられた。

①日食は資本系列化困難で、賞味期限切れ会社?

i 繰り返しになるが、当時、日食の株主には、日本鉄道共済組合三三・七%、鉄道弘済会一六・七%、(財)日本交通公社八・三%など旧国鉄系の所有合計は五八・七%に止まり、創業時の旧精養軒(岡本家)や伯養軒(大泉家)など六〇余名に及ぶ個人株主が四一・三%も存在し、

ＪＲ東日本による一〇〇％系列化は困難とみられていた。

確かに日食は、国鉄時代が終わるまでに、相続等を経た創業時の株主や個人株主の整理をしておくべきところ、それが出来ず放置していた責任があった。

私が入社した一九八七年（昭和六二年）の八丁堀の日食新本社ビルの副社長室に伯養軒の大泉雅弘氏が座って居たり、株主総会で岡本家が常務取締役ポストを要求したりしていて、強い違和感を持ったが、ＪＲ東日本はこんな状態を直系子会社に許す筈はないと思った。

ⅱ　更に、子会社分割後の親会社日食は、主力の東海道新幹線食堂車営業、東京駅新幹線旅客向けの弁当売店などを失い、残るは老朽営業所等の遊休・不良資産、役立たずの不良子会社、不採算店舗、不良取引先など有形無形の不良資産ばかり、東北、信越地方には多くの余剰人員が残り、旧態依然の生産、サービス提供態勢、収益力の激減、お客からの低評価などで、ピカピカで超一流企業に変身したＪＲ東日本には、当時の日食は「企業価値は殆ど無しの賞味期限切れ会社」に見えたようだ。
○　また、「日食株式のＪＲ東日本系での一〇〇％買い取り」も岡本家所有株など四割を超える個人株主の扱いはさすがに難しく、加賀谷社長の覚悟の頑張りも、この時点で日食不要論を覆すに至らず、結局日食は会社整理の上、ＪＲ東日本レストランに吸収される運命では？と天を仰いだのだった。

然し、戦中戦後の食堂車営業を通じ苦難の歴史を生き抜いて、鉄道旅客サービスの一端を担ってきた日食の社員には「鉄道に対する旺盛な貢献心」があり、人柄のいい真面目な社員が多いことと、不良資産も多いが港区高輪の旧品川営業所跡地開発、八重洲八丁堀の本社ビルなど優良資産もかなり有り、後にこれらの有効活用から始まる「奇跡の大チェンジ」を達成する可能性を秘めていることを予想できる人は少なかった。

②ＪＲ東日本労使に警戒された中川周二国労系労組委員長

そのうえに、国鉄改革で国労はほぼ壊滅したが、日本食堂にはかつての国労の関連労組として全国組織の日食労働組合があり、二〇代で前委員長を追い落とし、四代の社長（吉松喬氏、石井照正氏、公文廣嗣氏、加賀谷徳治氏）と渡り合ってきた中川周二委員長が、国労崩壊後も独自路線のもと全国組織をそのまま維持し絶大な権力を握っていた。

中川委員長は、ＪＲ時代になっても全国日食労組委員長であり、ＪＲ東日本傘下の日食労組委員長として、ＪＲ東日本労組の松崎明委員長とは一線を画し、日本食堂労使関係の主導権を握り、毎春闘ではスト権を確立し、会社とは対決姿勢を崩さなかった。

ＪＲ東日本はもとより、ＪＲ東日本労組も、目の敵の旧国労系日本食堂労働組合＝中川周二委員長を抱える日食を問題視し、後にＪＲ東日本労組中央執行委員の今井久栄氏を日食に派遣して警戒したほどであった。

○ただ中川委員長は会社の大事に対する判断力は確かで、もう一つの日食再生の最大の難題とされていた日本食堂厚生年金基金の財政破綻と解散の判断に当たっては、その意味と価値を理解し、会社自滅の回避、再生発展には正しい決断を下せる思慮を持っていた。

③国鉄時代の勝者ＪＲ東日本住田社長と敗者日食加賀谷社長の執念の確執

更に、ＪＲ東日本の初代社長は、かつて運輸省鉄道監督局長、事務次官、国鉄再建監理委員会委員など歴任の住田正二氏であったが、加賀谷徳治日本食堂社長も同じ運輸官僚で国鉄時代常務理事職員局長としてスト権ストの責任を取って辞めた経緯があり、両氏は国鉄時代から労政をめぐる怨念の対立関係にあった。

加賀谷氏は昭和四七年七月藤井松太郎総裁のもとで大阪鉄道管理局長から常務理事職員局長

になり、いわゆるマル生運動敗北後の荒廃し切った国鉄の中にあって、経営の主体性の回復と責任の確立により労使関係を正常化することによる国鉄の自主再建の道を模索していた。

そのために、「経営側に当事者能力がない」という事態を脱すべく、ベースアップの対労組交渉において、史上初の「有額回答」を行い、スト権問題にも真正面から対峙し、勇敢に踏み込んだ。この辺の判断は、当時の川野政史労働課長の意見が大きかったが、最終的にはご本人の勘と勇気によって下した決断で、労働組合のスト権奪還闘争と一大政治問題に発展した。

結果は一九七五年（昭和五〇年）一一月「組合側が八日間のスト権ストを打ち抜き、三木内閣は何も出さず、組合の自滅、経営側の責任、日本経済は長期ストにも拘わらず何の痛痒も無し」と言うことで終わり、これが引き金となり国鉄は国鉄改革の俎上に載せられることとなった。

この「スト権スト敗北事件」で加賀谷氏は詰め腹を切り、一九七六年（昭和五一年）三月国鉄を辞して日本食堂に来られたのだった。

他方、国鉄問題の最終戦である国鉄改革で勝利した住田氏は、スト権スト事件の敗者日食加賀谷社長を直ぐにでも退任させて、日食を店じまいし、自分が設立したＪＲ東日本レストランに吸収しようとしているかに見えたが、加賀谷社長は「そうはさせじ、話は逆」と対決し、両者は再激突して互いに一歩も引かなかった。

○我々日食人は、加賀谷さんに、決して住田さんの軍門に下らず頑張り抜いてもらって、加賀谷さんの眼の黒い間に逆転勝ちの「ＪＲ東日本資本系列化と日食大チェンジ」を成就しようと両氏の対決を固唾（かたず）をのんで見守っていた。

なお、加賀谷さんと住田さん対決は、加賀谷さんが一九九一年に日食の社長を辞め、会長、相談役になった後も続き、加賀谷さんが一九九九年七月一三日、七八歳で他界されるまで和解らしきものがなされることはなかった。

だが故加賀谷さんの一周忌での住田さんの挨拶の中で「加賀谷さんと私は同じころ運輸省に入り、国鉄発足の時、私は運輸省に残り、加賀谷さんは国鉄に行かれました。・・・確かに当時加賀谷さんと立場上衝突したわけですが、そのことはお互いやむを得ない事でした。もし逆に私が国鉄に行き、加賀谷さんが運輸省に残っていたら、多分私は加賀谷さんの立場に、加賀谷さんは私の立場に立ったと思います。」（『汎交通』二〇〇二年三月号「心に残る人々加賀谷徳治」・竹田正興）という比較的率直な心情の披瀝（ひれき）があり、これをもって仏前での和解とするしかないと感じた。

2 日食不要論を覆した寝台特急北斗星食堂車営業の大成功

ＪＲ東日本とＪＲ北海道は、一九八八年（昭和六三年）三月に上野駅から札幌駅を結ぶ長距離リゾート寝台特急列車北斗星号を二往復運行し食堂車「グランシャリオ」の営業開始を決め、日本食堂に食堂車営業を引き受けるようにとの話が、ＪＲ東日本運輸車両部から実施半年前くらいにあった。

北斗星一・二号をＪＲ北海道が、北斗星五・六号をＪＲ東日本が一編成ずつ持って食堂車を連結するので、「完全予約制の高級フレンチディナーを提供するように」とのことであった。

日食は分割したばかりの「にっしょく北海道」と協議の上、東京尾久車両基地と札幌駅の調理基地を使用し、佐藤憲雄仏料理シェフと阿部正義和食調理長のもとでフレンチ＆和食両建てのメニュー、仕込み、調理、積み込み保管法を定め、什器の取り揃え、乗り組み乗務員を選抜、訓練、試食を経て営業開始にこぎつけた。

新設の寝台特急北斗星号と食堂車営業は運行開始から大盛況で各方面から大好評を得て、一九八九年（平成元年）三月には「北斗星三・四号」も定期運行することとなった。

この北斗星号食堂車グランシャリオの運行開始は、ＪＲ東日本にとって会社発足後初めての列車ダイヤ改正の目玉商品だっただけに、日食の的確な食堂車営業遂行能力により大成功を収めたことは、ＪＲ東日本はもとより各方面から高く評価された。この北斗星食堂車営業の成功が、ＪＲ東日本における「日食必要論への転換と日食株取得系列化への動き」の嚆矢（こうし）となったのである。

北斗星食堂車

フランス料理コース

ちなみに一九八八年三月　三日の北斗星号デビュー時ディナーメニューは、

肉のフランス料理コース　七〇〇〇円
魚のフランス料理コース　五〇〇〇円
スペシャル・シチューコース　三〇〇〇円
海峡御膳　三〇〇〇円　であった。

○ 後日談だが、ＪＲ東日本の運輸車両部から、北斗星食堂車営業受注を受け、加賀谷社長に相談したところ「フランス人シェフを呼び、万全の準備をするように」とのことだった。

早速ＪＲ東日本のパリ事務所長の菅建彦氏にフランス人シェフの紹介を依頼したところ「そちらはフランス語も不自由だろうから、フランス人シェフなどと無理をせず、日本からきて修行を積んで帰国予定の腕利きの日本人シェフの方が良いのでは？」とのお見通しのアドバイスを頂き、推薦の二名を面接の結果、採用したのが、当時四〇歳の佐藤憲雄シェフでした。

佐藤シェフはパリ・フォーションなどで六年程修行しヌーベルクズィーン（新しい料理）を得意にし、食材の安全衛生管理など科学的調理法にも精通していて、北斗星号フランス料理等レストランメニューだけでなく、洋風弁当、更には後述のアメリカで立ち上げた「オーベントー」創作にも携わって頂いた。

III

「日食株のJR東日本取得」に立ちはだかる二つの難関

日本食堂
NIPPON SHOKUDO

１　ＪＲ東日本の出資ゼロ！困った株主構成

①個人株主構成比率が四割超

一九八七年、八八年と四子会社を会社分割した親日食は、野良猫同然のＪＲ非系列会社の悲哀をイヤというほど味わった。北海道寝台特急北斗星号食堂車営業大成功で多くの旅客やＪＲ東日本の運輸車両部等に多大の評価をして頂くと、どうしても早くＪＲ東日本に日食株を買いとってもらい、早くＪＲ東日本の直系子会社になる必要性を痛切に感じた。

然し、改めて日食株主構成を見ると、創業時からのいきさつによって、日本鉄道共済組合、鉄道弘済会など旧国鉄系団体の持ち株が過半数を占めてはいるものの、岡本家をはじめ個人株主の持ち株が四割以上も占めており、ＪＲ東日本の出資は一株もなかった。

ＪＲ東日本と何の関わりもない個人株主が四割以上存在する日本食堂という会社を、新しく民営化したＪＲ東日本がまともに相手にする筈のないことは、誰の目にも明らかで、厳しい現実を前に途方に暮れるのだった。然し、このまま何も出来なくては野垂れ死にしかなく、ＪＲ

日本食堂株主構成（国鉄改革時）

株主名	所有株式数	持株比率	当社の大株主への出資状況
1 日本鉄道共済組合	4,725,865（株）	33.7（%）	0
2（財）鉄道弘済会	2,114,680	16.7	0
3 岡本省三	1,363,380	10.7	0
4 岡本喜美子	1,363,380	10.7	0
5（財）日本交通公社	1,060,870	8.3	0
6 大泉雅弘	583,155	4.6	0
7 大泉信太郎	460,660	3.6	0
8（株）伯養軒	236,375	1.9	0
その他個人株主等	1,241,635	9.8	0
計	12,700,000	100.0	0

東日本の系列会社入りを目指して突き進む以外に道はなかった。

②ＪＲ東日本の日食株取得に立ちはだかる二つの難関

結局、ＪＲ東日本に日食株を取得してもらうにあたって、第一の問題は、旧精養軒の岡本省三・喜美子夫妻持ち株（二一・四％・二七二万株余）をはじめ創業後の六〇人ほどの個人株主の持ち株比率が四割を超える株主構成になっていることから、ポイントは彼らの持ち株を、日食が責任をもって一株残らず全て買いとり、個人株主の完全整理が出来るか否かにあり、先ずは岡本家所有株の買い取り整理の成否にあった。

第二の問題は、日食株をＪＲ東日本と共通の監査法人朝日新和会計社が時価評価したところ一株当たり一二〇〇円で額面の二十数倍という驚きの価格で、ＪＲ東日本が一二七〇万株全株取得するとなると優に一〇〇億円を超えることから、それだけの金をＪＲ東日本が出してくれるかにあった。

③ＪＲ東日本の日食株取得、六年がかりで「一〇〇億円の重要子会社」に

ＪＲ東日本による日食株式取得問題は、日食からの強い要請を受けて、当時の関連事業本部花崎淑夫部長を窓口として進められ、

ｉ　一九九〇年に取りあえず日本鉄道共済組合持ちの二二・六％（三四・七億円）の株式を国鉄清算事業団から買いとってもらった。

第一段階でＪＲ東日本の日食株取得が二二・六％（三四・七億円）に止まった理由は、やはり買い取り価格が額面の二十数倍で一株一二〇〇円と高価格であったため、ＪＲ東日本も慎重にならざるを得ず、また、住田社長の手前も、しぶしぶ買っている姿勢を見せていた。

ⅱ　然しＪＲ東日本の日食株取得は、翌九一年に三五・〇％まで買い進められ、

ⅲ　一九九二年には六〇・六％まで買いとり、この段階で日食のＪＲ東日本の系列子会社化が事実上決まった。

ＪＲ東日本系列化後の株主構成

株主名	所有株式数	持株比率	当社の大株主への出資状況
1 東日本旅客鉄道（株）	8,556,580（株）	70.3（%）	なし
2（財）鉄道弘済会	2,114,680	17.4	なし
3（財）日本交通公社	1,060,870	8.7	なし
4 東日本キヨスク（株）	195,945	1.6	なし
5（株）鉄道会館	150,865	1.2	12,180 株（1.8%）
6（株）ＪＲ東日本都市開発	100,860	0.8	なし
計	12,179,800	100.0	

一九九二年に六〇％を超えるＪＲ東日本による株式の取得が実現できたのは、問題の旧精養軒岡本家株や伯養軒大泉家株などを含む主だった個人株主の譲渡が進んだからだが、ＪＲ東日本の花崎部長が、「日食の企業価値は一〇〇億円を遥かに上回る」と住田社長を説得し、日食を重要子会社に取り込むべきと主張してくれたことにあった。

こうして日食株式の整理は、最終的には一九九六年まで六年かかり、上表のようにＪＲ東日本を含むＪＲグループ六社による一〇〇％出資を達成することが出来た。

これによって日本食堂は、ＪＲ東日本直系の「一〇〇億円価値の重要な系列子会社」の地位を確保することが出来、ＪＲ東日本の直系重要子会社として経営の展開が可能となった。

2 運命を分けた旧精養軒岡本家所有の二七二万株買い取り成功

ただ、日食による個人株式買い取り過程では、個人株主の追跡、裁判所に不明者の除権判決を下してもらうなどいくつもの関門があった。

なかでも、大株主旧精養軒岡本省三夫妻が所持していた株式二七二万余株の株式を危ないところで無事に引き取ることが出来たことが、まさに「勝負の分かれ目」となった。

と言うのも旧精養軒岡本家の長男所有と思われていた日食株式は、相続で既に次男の熱海の岡本ホテル経営主に渡っていることが判明、一九九一年五月頃だったと思うが、岡本ホテルの岡本当主と関連店舗・千代田区新丸ビル地下の花月食堂で面会、買い取り交渉をした。

岡本ホテルの岡本氏は九〇歳超えのご高齢で、案の定、初めは譲渡意思なし！の返答だったが、話が経済バブル崩壊と不景気到来に及ぶと、御子息が伊豆の某離島のリゾート開発失敗で困っている旨の話を始めた。

直ちに「岡本さん、お宅の日食株二七二万株の買い取り価額は三〇億円強ですよ」と買い取り金額を提示したところ、全株売却を即座に承諾、その場で即製の売却承諾書にサインしてもらい、翌月には全株式取得に成功した。

その後、岡本さんの消息は確認しなかったが、危なかったのは、二〇〇九年に岡本ホテルグループは「岡本倶楽部」というリゾートクラブ会員集めで二百数十億円の詐欺事件を起こして経営破綻してしまったことだ。

しかも事件は暴力団とのつながりも報道された。この時まで日食株二七二万余株が岡本ホテル岡本家に残っていたらと思うと、御高齢の岡本ホテル岡本当主所有日食株二七二万余株の救出劇成功は、その後の日食の命運を決めたクライマックスだったのだ。

3 住田会長「日食に一〇〇億円も！」、加賀谷さんの執念実る

こうして日食株のＪＲ東日本の取得は、六年かけて一九九六年に最終的に八五五万余株（七〇・三％）をトータル一〇〇億円超で買いとり、その余の三〇％弱の株式は（財）鉄道弘済会、（財）日本交通公社など旧国鉄、新ＪＲ系五社と合わせて一〇〇％保持され、晴れて日食はＪＲ東日本の直系完全子会社の地位を獲得出来たのであった。

もともと日食不要論だった住田会長は「日食の株買い取りに一〇〇億円も！」と絶句されたそうだが、日食としては、ＪＲ東日本に一株一二〇〇円、八五五万株余り（七〇・三％）を総額一〇〇億円余の高額で買ってもらえたことは、日食の企業価値を極めて高く評価されたことであり、大変有難く且つその責任を痛感したのだった。

当時、日食の加賀谷さんから見れば、社長時代にチェンジング計画を掲げてJR発足直前に新本社社屋を竣工させ、会社分割しても重要不動産は確保の上、これらを積極開発し、JR東日本の新設寝台特急北斗星号食堂車営業を大成功させるなど日食の高い企業価値と業務遂行能力を発揮しての「日食株のJR東日本取得作戦」は、時に天運にも恵まれ、加賀谷さんの執念が実ることとなった。

いわば「日食の不要、必要論」で始まった住田・加賀谷両雄の激しい対決は、国鉄改革後ほぼ一〇年もの歳月をかけ、両者が激しく戦い抜いた結果、最良の形で決着することとなった。

4 日食株高評価は「日食先人の土地遺産と旺盛な鉄道貢献心」

①日食株一二〇〇円評価は先輩たちの遺産のお陰

朝日新和会計社による日食株一株＝一二〇〇円（額面金額の二四倍）と言う驚異的評価額は純資産方式と類似業種批准方式の併用による適正な評価額で、日食は企業として時価評価価値は実は高かったのである。

日食株高値のわけは、日食先人の多年にわたる地道な勤労努力のお陰で、ベースは貸借対照表上資本金七億円の会社で、資本剰余金が六〇億円も積み上がっていることによるが、更に日食が東京都内の一等地にある不動産を所有していて、これを加賀谷社長が会社分割しても手離さず、積極開発し収益を上げ始めたことで、バブルのピーク時の不動産時価評価は一〇〇億円超どころか数百億円とみなされていたことにもよる。

国鉄改革直後の東京都内等に所有する日食所有不動産

i　中央区八丁堀の日食本社ビル（九Ｆ賃貸ビル・土地二〇〇坪）
ii　港区高輪のＮＳ高輪ビル（一一Ｆ賃貸ビル・土地二五〇坪）
iii　港区三田・ハンガリー大使館ビル（五Ｆ賃貸ビル・土地一五〇坪）
iv　浜松町調理所（建物・土地二五〇坪・共有二分の一）
v　上野調理所・宿泊所（建物・一六〇坪）
vi　荒川区尾久商品センター（三Ｆ建物・土地二五〇坪）
vii　荒川区尾久調理センター建設予定地（土地三〇〇坪）
viii　渋谷区松濤宿舎跡地（土地二五〇坪）

ⅸ　大森女子寮（土地三五〇坪・後に介護老人ホーム建設）などがあり、地方にも、
ⅹ　青森営業所、秋田営業所、仙台営業所、仙台小松島寮（のちに戸田市美女木商品本部用地購入の交換対象地）、新潟営業所などの建物用地があった。
ⅺ　後になるが、埼玉県戸田市美女木にＪＲ東日本より用地交換代も含め二二億円で購入した商品本部建設用地（二二〇〇坪）も取得し、後に商品本部を建設している。

これらの不動産は概ね一九一三年創業以来日食の先輩が営々と働き、残してくれた有効な財産であり、ＪＲ東日本の日食株買い取りに当たって二四倍にも企業価値を高め、その後の日食の事業開発、営業増進のベースとなった。

②実は、旺盛な鉄道貢献心の驚くべきポテンシャリティー

日食人は、一九三八年（昭和一三年）創業以来、日夜休むことなく長距離鉄道急行旅客に不可欠の食事の提供を食堂車営業や車内販売によって全国津々浦々にサービスしてきた。特に戦時・占領時代の物資不足などあらゆる困難を克服して、その使命を全うしようとする旺盛な鉄道貢献精神（ＤＮＡ）を発揮してきた歴史がある。

この旺盛な日食の鉄道貢献精神（ＤＮＡ）は、事業開発、人材開発の宜しきを得れば、どん底から大飛躍を遂げるポテンシャリティーを持っており、株価評価の表には現れないが、秘めたる日食の真価ともいうべき強力な精神の経営資源であった。

IV

日食の正直改革は、先ず「旧弊、悪弊」を正すことから

1 創業五〇年、蓄積した数々の旧弊、悪弊

日本食堂の様に歴史の古い全国規模の列車食堂会社は、管理者も社員も長年にわたり問題先送り、悪慣行、小さな汚職、皆がやるから自分もやる反会社的行為が累積する傾向がある。日食がこれらの旧弊、悪弊を正し「正直改革」を達成するには、先ずトップの旧弊である「不要営業所建物、不良子会社などの整理、不採算店舗の廃止」等を勇断実行し、次に現場最前線の悪弊「嘘誤魔化しになった弁当販売、いい加減な売上金の取り扱い、不明朗な仕入れ」などを正しく改善是正する必要があった。

更に、平成になり想定外の超低金利や会社分割で突如として倒産リスクに浮上(ふじょう)した「破綻確実な厚生年金基金財政危機」にも気付き、同年金基金の解散も出来なければならなかった。

そのトップが正すべき旧弊としては、

不要営業所建物を除却できない→余剰人員を残し、維持費の垂れ流し

不良子会社、無意味な子会社を残し→汚職浸透、隠れ借金

不採算店舗の廃止撤退が出来ず→赤字の拡大

次に現場最前線の悪弊は、

嘘、誤魔化しになった弁当販売↓顧客の信頼を失い↓会社滅亡へ
いい加減な売上金の取り扱い↓無責任経営となり↓会社滅亡へ
不明朗な仕入れの継続で↓品質低下し、お客離れ↓会社滅亡へ

従って、これら会社滅亡につながる現場最前線の悪弊は、是正すべき時に、是正できる人を得て、勇断をもって正すと共に、悪弊、旧弊の是正後は、管理者も社員も「良心に従って正しく仕事ができる」正常業務遂行環境を作る必要があった。

2 旧弊、悪弊是正に必要な監査法人、法律事務所の助力

そして旧弊是正に当たっては、監査法人による現場を含む監査が必要であった。個人の公認会計士から朝日新和監査法人に代わることによって、従来の本社監査中心から、工場、営業所、店舗、子会社の監査まで徹底したために、現場の旧弊、悪弊、改善点はどんどん上がってきた。

また弁護士についても従来の国鉄ＯＢの御高齢弁護士に代えて、田中齋治法律事務所にお願いして、社長から現場長に至るあらゆる問題に常時対応可能な態勢を敷いた。

日食は「不特定多数の鉄道旅客を顧客としてサービスしなければならず」、連日のようにお客やＪＲからの苦情、お叱りがあり、しばしば異物混入などの因縁、暴力団の恐喝、無銭飲食、詐欺師の罠、業者間トラブル、訴訟事件の発生などにも備えなければならない。

更に会社側ミスとして従業員の単純なサービスミスから、正装客にカレーのルーをこぼしたり、車内販売ワゴンの鉄製側板でハイヒールの女性立席客のアキレス腱切断事故まで、ありとあらゆる会社側責任事故のほか、火災、交通事故、食中毒事件発生などの危険もある。

被害に遭われたお客への償いに遺漏があってはならず、会社側が不当に扱われるわけにもいかず、電話一本で小回りが利いて随時法的相談に乗って頂ける法律事務所の存在は必須であった。

3 先ず「不良資産、不良子会社、不採算店舗」の廃止

① 不良資産の除却と一部活用

青森営業所建物（かつて約三〇〇名の列車乗務員の事務所兼宿泊室付老朽建物）、秋田営業所建物（約一五〇名の乗務員の事務宿泊兼用老朽建物）、伊東寮建物、新潟営業所独身寮、仙台小松島独身寮などは、除却損、除却費用が巨額になるため放置されていたが、これらを整理し、青森営業所、秋田営業所など除却すべきものは全て除却し、活用可能土地などは駐車場、一部建物は余剰人員を活用して「おつまみ袋詰め工場」への転用をはかった。

〇 青森営業所は除却したが、別棟建物は残し、余剰人員活用を兼ね、車内販売用「おつまみの袋詰め工場」に転用した。函館から裂きイカなどのおつまみ原料を仕入れ、金属片、異物を取り除き、計量して袋詰めにして、当社の車内販売用に卸すのだが、「金属片、その他のゴミを取り除き袋詰めするだけで、商品価値が二倍になり」、ビジネスとして成り立つことを知った。

当社の車内販売用のつまみ類を、暫くこの工場で袋詰めし、列車営業所に卸していたが、おつまみ類は所詮単価が安いのと、飲食業の利益率はもっと有利なものが多いことから、このおつまみ袋詰め工場は三年で辞めた。

②不良子会社の整理、禍転じて福も

日食の子会社には「日食商事」（仕入れ担当会社）、「カルティー」（茗荷谷で焼成パン、国鉄末期国立駅構内の三井銀行仮店舗使用後の建物テナントビル賃貸業）、「エヌエス開発」（高級店出店）、「東越フード」（飲料の仕入れ担当）、中央開発（駅構内そば店の委託営業管理）などがあった。

日食商事、東越フードなどは本来日食本社の直属組織が行うべき重要仕入れ業務を、あえて子会社を使って公正な取引を装うにすぎないので、一九九〇年以降、仕入れの大改革推進の商品センター、後の商品本部に吸収し、こういう会社は整理した。

ｉ 不良子会社で手を焼いたのはカルティーで、責任者は元国鉄退職者で当時の加賀谷社長の信任も厚く、根は善人で商売に長けているやに見えたが、調理長と通じての焼成パン使用の粉取引の横流し、隠れ借金などワンマン経営の行き過ぎから、大幅赤字に転落した。結局三億円をこえる負債の整理をし、一九九二年に茗荷谷店を閉じた。

また、カルティー解散で残された国立駅舎横の賃貸ビル経営は、国鉄改革に伴い土地（一五〇坪）が国鉄から国鉄清算事業団に移り、早速建物撤去請求が来たが、カルティーのテナント選定が杜撰で、問題のテナントが退去に応ぜず、それならと清算事業団に買い取りを申し出たところ、当初二〇億円もの高額で土地買いとりを要請された。

然し、退去に応じないテナントをそのままに土地を高値で買い取るわけにもいかず、退去に三年程時間がかかる間に、世間の土地バブルが大崩壊し、土地価格は当初の半値近い一二億円で決着、禍転じて福、国立駅本屋脇二五〇坪ほどの重要土地を一二億円で買い取ることに成功した。

○なお、この土地は後にJR東日本に適正価格で売却したので、JR東日本は国鉄改革時貸付地だったため、一旦国鉄清算事業団に仕分けされ失った駅横の貴重な隣接地を日食のお陰で取り戻したこととなり、将来の駅改良等に大いにプラスとなった。

ⅱ 中央開発は、国鉄時代からの構内営業のやり方で、本来、そば店経営は日食・中央開発で直営すべきものを、あえて外部委託して、マージンを受け取る仕組みで、いずれも商いの正道から外れ、直営に戻すべきものであった。
従って、中央開発の委託店舗もその類で、日食直営に戻すべく長年にわたり返還交渉をしたが、中央開発と実経営者との間の返還の話し合いがつかず、結局実経営者急病死で決着、時間がかかったが、中央開発も解散できた。

③不採算店舗三〇店の撤退

旧日本食堂では不採算店舗について、撤退の判断が極めて不明瞭であったが、分社化以降は営業一年ないし二年で採算の合わない店舗については、店舗建設コストの多寡にかかわらず、撤退を進めることとした。

この結果、国鉄改革の一九八七年から一九九七年までの一〇年間で、新設店舗八〇店舗に対し、撤退店舗は三〇店舗にも及んだ。

特にエヌエス開発が手掛けた新宿ルミネ内のフランス料理「カルフール」、ステーキハウス「トーラス」、池袋ターミナルビルのパブ「オーデン」、メキシコ料理「ガウチョ」などの高級店は社長指示で人材を投入、出店し、内装工事にも金をかけすぎており、今後の日食が手掛けるべき業態ではなかった。多額の除却損も生じたが、勇気ある撤退となった。

4 次に仕事の「嘘誤魔化し」、「いい加減」、「不明朗」の勇気ある是正

① 時間を誤魔化しの弁当販売

私の日食入社一九八七年当時、駅弁当販売のいわゆる消費期限は、常温販売で弁当製造後四時間という厳しいものだった。一九七九年の厚生省の通達では、製造後七時間となっていたから、国鉄、ＪＲはそのほぼ半分ちょっとの時間を安全サイドに見て指導していたことになる。

ところが日食は、この製造後四時間の消費期限を、製造時刻の先付シールを張って、嘘誤魔化して、しばしばルールを破っていたのである。

当時日食の駅弁は浜松町の調理所で、日に三から四回ほど製造し、六回に分けて東京駅や上野駅に配送していた。弁当は製造後、配送箱に詰め、配送ダイヤによって浜松町からトラックで宛先駅弁当基地に運ばれていた。そこで売店毎に仕分けて運搬し、各売店に並ぶには製造後一時間半から二時間くらいかかってしまうし、事故渋滞などに会うと三時間かかることもある。

従って、到着弁当の弁当売店での販売可能時間は、二時間から二時間半程度しかなく、とても全部を売り切ることが出来ず、大量の廃棄を出してしまうことから、例えば一〇時製造の弁当に一二時製造の時刻先付のシールを貼って出荷する誤魔化しが定着してしまった。

弁当販売の問題点は、製造時刻先付の嘘のシールだけではなく、駅弁当基地や売店での保管温度管理が全く出来ていなかったこともあった。

東京駅など駅地下基地は鼠害のほか真夏の気温は五〇℃を超えることがあるし、ホーム売店では冷蔵ショーケースは有るのだが、中は空箱のサンプルを並べ、販売弁当は冷蔵ケースの上に積み上げ、埃に曝されていた。本末転倒とはこのことで、「温度管理無しの弁当販売」も到底放置できなかった。

○ところで、日食には駅弁製造時間の嘘誤魔化しがあったが、嘘誤魔化しの類は、食品の世界では当たり前で、昔から沢山あり枚挙にいとまがなく、何時までも尽きることがない。例えば「新潟魚沼産のコシヒカリ、鹿児島産の黒豚」などは、本物は少なく、偽物の方がはるかに多く出回っていたし、「タラバガニ」も実は「アブラガニ」だったという話はよく聞いた。

私がかつて嘆かわしく思ったことは、日本人が最も大切にしてきた「塩」のことである。一九七一年（昭和四六年）以降専売公社により出回った塩は、海水からイオン交換膜法で作っていたため、いわば化学物質としての「塩化ナトリュウム・NACL」だった。

これは、いわゆる「にがり成分」の無い工業塩で、我々日本人だけが、一九九七年まで二六年間も、本物の塩とは程遠い工業塩を食塩として食していたのである。

②いい加減なワゴン売上金の取扱い

当時日食の総売上高の約四割は列車内販売によるものだったが、そのほとんどを占めるワゴン車による車内移動販売は、レジの使用ができないので、乗務員の制服のエプロンのポケットで、多い時は販売額が三、四〇万円にも及ぶ全ての金銭授受をしていた。

車内販売終了後、乗務員は、営業所に帰って、ポケット内の「全ての有り高現金」を収納袋に移し、カウンターに提出し帰着点呼を受けた。

営業所係員は、収納袋の「現金有り高」から「持ち出し釣銭」を差し引いた言わば「申告売上高」をそのまま「正規の売上高」として確定していた。

従って、日食は長年にわたって、常に「過不足金ゼロ」の「いい加減な売上高」を「正規の売上高」として計上していたことになる。

・本来、正しい売上高はレジの使用が出来ればその打ち出し金額が「売上高」である。

レジの使用が出来ないならば、

ワゴンの商品別積込数×売価の総計・マイナス・商品別残数×売価の総計＝「理論売上高」と乗務員の「申告売上高」を突合チェックし、きちんと「過不足金」を算出し、
・「申告売上高」プラス・マイナス「過不足金」＝「正規の売上高」を計上すべきものである。

然し、こんな面倒な計算は非現実的で不可能だからと言って、

申告売上高＝正規の売上高として常に「過不足金ゼロ」の扱いを正当化しては、実際は有り得る売上金の紛失、過不足や販売品の盗難なども無かったことになり、会計上の真実性の原則が損なわれ、経営上も売上金管理能力不在会社となる。

従って「いい加減な売上金の取り扱い」は「嘘誤魔化しの弁当販売」「不明朗な仕入れ」と並んで、「無責任経営」につながる放置できない大問題で、ここをきれいに正し、「良心に従って正しい仕事をする」ことが出来るかどうかが大切で、日食の正直改革達成の前提条件であった。

③不明朗な仕入れの是正

不明朗な仕入れの問題は、レストラン、弁当工場等の食材、飲料、包材等の仕入れにあって、歴史の古い会社だけに、段々に安さ優先にながれ、悪徳業者につけ入られていた。当時、仕入れは日食本社でなく子会社の日食商事に担当させて、品質本位の仕入れなどとは程遠く、仕入れ業者数は問屋レベルが多く一〇〇〇社にも及び、はっきり言えば「安かろう悪かろう」を容認し、事実上詐欺的な仕入れ業者の餌食になっていた。名実とも優良仕入れ業者は半数程度に止まった。

○ 例えば、駅弁当は当時浜松町の子会社の日本食堂調理所で作っていて、加賀谷社長が試食をしたときは立派な鮭の切り身が乗っていたのに、実際に弁当売店に並んだ鮭弁当は似ても似つかない貧弱な鮭弁当だった。調べてみたら、調理所納入のN魚屋は某西日本本拠の暴力団の縁者であることが発覚した。

そこでN魚屋に暴力団縁者からの「仕入れを続けるわけにはいかない」と通告したところ、今度は西日本選出の某大物代議士が出てきて、
「そんなこと、お前さんに出来ると思っているのか」と仰るので、
「それじゃ先生は暴力団から魚を仕入れ続けろと言うのですか」と押し返すと、

「そうじゃないが、何とかこらえてくれんかね」というので、数日後、先生が悪いこととお認めになるなら、

「N魚屋の仕入れを続けるわけにはいきませんが、ちゃんと仕入れた「魚の運搬」だけはNさんに認めましょう」ということで決着した。


日食の仕入れと政治家とのかかわりは、実際はかなりあった。困った例は、日食本社を抜きにして某東日本の代議士の事務所とS包材納入業者が直接取引で日食納入実績に応じマージンを上納している事実も突き止めた。

S業者にただしたところ、

「既に五年以上前から某代議士事務所から直接話があり、続けている」と言うので、

「S社さんは優良納入業者で取引は続けるので、某代議士事務所へのマージンの上納はお止めになっては?」

と申し上げたので、それはその時点で終わったと思う。その某代議士は国鉄改革に深く関わった大物政治家だった。

5 突如倒産リスクとなった厚生年金基金の解散断行

①平成の超低金利が決定づけた厚生年金基金財政破綻

日食の厚生年金基金は一九六九年（昭和四四年）に設立され、ほぼ三〇年近く運営されてきたが、一九九一年からの平成バブル経済の崩壊による超低金利時代の到来により、厚生年金の代行部分運用も兼ねる日食厚生年金基金の資金運用財政を急激に悪化させた。（代行部分とは厚生年金基金が国に代わって給付を行う部分）

そこに一九九七年に、にっしょく北海道、JR九州トラベルフーズ（日食九州）の二社が日食厚生年金基金を脱退し、翌年六月にはJRウェストレストラン（日食西日本）も脱退の申し出が出されたため、平成の超低金利下で年金基金の成熟度（年金基金受給者の加入者比率）が跳ね上がり、年金基金財政を守れば、会社は倒産間違いなしとなった。

事ここに至っては、日食としては（JD東海も）、この際、厚生年金の代行部分返上と厚生年金基金の解散を提案し、これに向けての手続きを進めることとなった。厚生省は「母体企業が黒字なのに、解散まかりならぬ」と立ちはだかり、埒が明かないため、一九九九年労働組合主導の全社員一致の解散手続きを取り、訴訟覚悟で解散を勝ち取った。

日食は厚生年金基金を解散する代わりに、原則個人で資金を積み立て、運用し資産を形成する四〇一Kと呼ばれる確定拠出型年金を導入し、新しい企業の年金として社員の福利厚生に資することとした。

なお年金基金解散に当たって、日食労働組合中川委員長も「会社の存続を優先し、厚生年金基金解散に同意する」と言うことで、熟慮の末英断を下し、全社員一致による基金解散の認可を厚生省に申請し、さすがの厚生省、東京都も、解散を認めざるを得なかった。

②黒字企業の厚生年金基金解散で、一流企業に年金代行返上の連鎖

会社分割直後の日食のように成熟度が異常に高まった代行型厚生年金基金を維持するには、基金積立金の運用担当の安田信託銀行において「表面利回りが年一〇%程度で継続する必要がある」という試算が為されていた。

バブル崩壊後の平成のゼロ金利時代に、こんなハイレベルの資産運用は到底不可能で、母体企業の日食が少しくらい黒字でも、早晩巨額の年金企業負担がのしかかってくるので、先を見越しての解散は企業防衛上不可避であった。

当時、「母体企業が黒字の厚生年金基金解散」は、日食厚生年金基金の解散が初めてのことであり、厚生省の大反対もあったことから、マスコミで大賑わいとなり、田原総一朗氏のサンデープロジェクトなどでも大々的に取り上げられた。

その結果、日食の年金基金解散が引き金となって、大黒字の一流の大企業が、次々と厚生年金の代行部分の国への返上行動が始まり止まらなくなった。

長く平成の超低金利時代が続けば、多くの企業で、「会社の存続か、代行型厚生年金基金の存続か」の二者択一を迫ることになり、代行型厚生年金基金は、企業倒産の重大リスク要因になるのであった。

なお厚生年金基金の解散断行は、元国鉄職員局労働課出身でJR大宮駅長から日食に来られた高橋宜雄氏に、厚生省、労働組合などと折衝、交渉を尽くしていただき、困難を極めたが成就することが出来た。

V

正直に、正確に、品質本位で「日食正直改革」実行

日本食堂

NIPPON SHOKUDO

1 嘘誤魔化しの弁当販売→新鋭弁当工場で正直・高品質実現

一九八七年当時、日食が駅弁製造販売に当たって、製造時間を偽って、定められた製造後四時間を超えての販売や、弁当の保管販売の温度管理がまるで出来ていないことは、購入顧客への重大な背信であるとともに、食中毒事故発生の恐れもあった。

また日食の駅弁の評判は芳しくなく、あるお客から「貴社の弁当を一個食べれば、社長の人格が分かる」という手紙を頂き衝撃を受けていた。

当時の日食の駅弁製造は、ご飯を炊き、一部の焼き魚ぐらいは調理所で作るが、他はいわゆるアウトソーシングで、焼き肉や煮物、佃煮、蒲鉾、卵焼きに至るまで殆ど出来合いのものを安く仕入れ、手早く弁当箱に詰め合わせたものでしかなく、到底「日本食堂調製御弁当」などと言える代物ではなかった。

しかもJD東海と共用での浜松町調理所では、日食の言い分で製造法を改善する等不可能に近く、弁当類の品質改善など望むべくもなかった。

そこで、品質本位の弁当・総菜づくりのため、一九九〇年に荒川区尾久、かつての女子寮跡地に、新弁当製造工場「尾久調理センター」を建設した。

新工場は工場内を無菌構造にしたうえで、洗浄室、野菜処理室、肉魚の処理を分離し、加熱調理、真空冷却、管理温度保管、盛り付け、調製、仕分け出庫と言う流れで、生産システムを刷新した。

弁当工場調理長も、新しく和食レストラン出身の阿部正義調理長に就任していただき、従来の出来合いの「詰め合わせ型弁当」でなく、日食主催の弁当コンクールの代表作なども取り入れ、厳選された食材を用い「手作り料理型弁当」を開発発展させていった。

更に食品衛生管理のため、細かい作業行程処理や温度管理などをチェックすることで、作業ミスを防止するアメリカ航空宇宙局（NASA）生まれの危害分析重点管理法（HACCP）と呼ばれる衛生管理法を導入し、弁当など食品の安全衛生管理システムを整備した。

また、弁当など全ての製造品の品質保持と衛生管理のため、その後新設する商品本部においては一般貨物営業免許まで取って、社内の常温流通基準一八℃、冷蔵、冷凍の三温度帯管理の行き届いた独自の配送網をしくこととなった。

こうして、日食は新工場での駅弁製造はもとより、後述の商品本部のセントラルキッチンなど全ての食品製造、安全衛生管理、配送、保管、販売に当たって、製造時間の嘘をついたり、合成保存料等に頼ったりすることなく、正直と良心の「高品質で安全な弁当類、食品」を生

最新鋭弁当工場・尾久調理センター

産・販売する体制を確立したのであった。
なお、ＪＲ東日本との弁当類の常温販売における製造後四時間の縛り（しば）も、衛生管理のレベルアップに応じて先ず七時間に延ばし、最終的には一二時間に延ばして頂いた。
また製造時刻の表示の方法については、ＪＲ東日本から出向の表輝幸氏が尾久調理センターＮＲＥ大増社長時に、工場の時計と連動して製造時刻を打刻し、出荷する方式を取り入れ、分単位まで正確なリアルタイム方式に改善した。表輝幸氏はＮＲＥ弁当改善にＩＳＯ９００１（国際標準化機構の品質システムの認証）を取得するなど多大の功績があり、ＮＲＥ弁当革命の強力な推進者になって頂いた。

２ ワゴン売上金の計算正常化↓ハンディーＰＯＳ開発で正確計算

列車食堂事業がほぼ終了した後の日食の主力営業は、新幹線などにおける列車内ワゴン販売であった。

これは社員やパートタイマーの乗務員が一人で列車発着基地や途中駅でビール、お酒、ジュース、コーヒーポット、お茶、おつまみ、菓子、お土産品、弁当、サンドイッチなどを積み込むと三、四〇kgもあるワゴンを安全に操作し車内で販売する事業である。

乗務一行路の販売高は、多客期で東京―盛岡間一往復が三〇万円ほど、「牛肉どまんなか」など名物駅弁がよく売れるパート主体の山形新幹線の東京―山形間では、小売店舗顔負けの四〇万円もの売り上げを誇っていた。


然し問題はワゴン販売売上金の取り扱いで、これまでの車内ワゴン販売は、列車の中で制服エプロンのポケットから販売代金やつり銭を出し入れし、営業所に帰って初めて売上現金を計算する訳だから、落としたり、盗られたりしても不問で、収納袋の「現金有り高」がそのまま「売上高」となっていた。

私が日食に入り、最初に遭遇した課題はまさにこのことで、どうすれば一人一人の車内販売乗務員が、管理者から遠く離れていても売上高現金を正確に取り扱えるかと言うことだった。西欧のようなチップ制度の無い日本において、乗務員がお客から頂いたお金を如何に正確正直に扱うことが出来るかは、サービス業経営の基本だからだ。

そこで一九九一年、日本で初めて、列車内販売用ハンディPOS（ハンド・ヘルド・コンピューター・HHC）を（株）富士通、（株）デンソーと共同開発し、販売品の積み込み、販売時間、販売品種、数量、売り上げ金額、販売動線、積み下ろし残まで詳細に商品バーコードで計算処理できるようにした。

車販乗務員は、乗務前にワゴンに販売商品を積載するが、全てハンディーPOSを通して積載し、乗務中の販売、乗務後は残商品の倉庫への戻しなどを一貫してハンディーPOSでカウントするようにしたのである。

これによって、制服ポケットの売り上げ現金有り高とハンディーPOSの売上金額との照合が可能となり、過不足金も明確となったのである。

何よりも社員が金銭の正確な取り扱いにより、熟練社員も新規パートタイマー社員も正しく仕事が出来る達成感を感じ、販売サービス意欲は飛躍的に向上した。

このハンディーPOSは二〇〇八年にはJR東日本が発行する交通系ICカード・スイカ、二〇一五年にはクレジットカードにも対応可能となった。

なおこのハンディー・POSは、応用範囲が広く、小規模弁当売店でも使用され、分社し

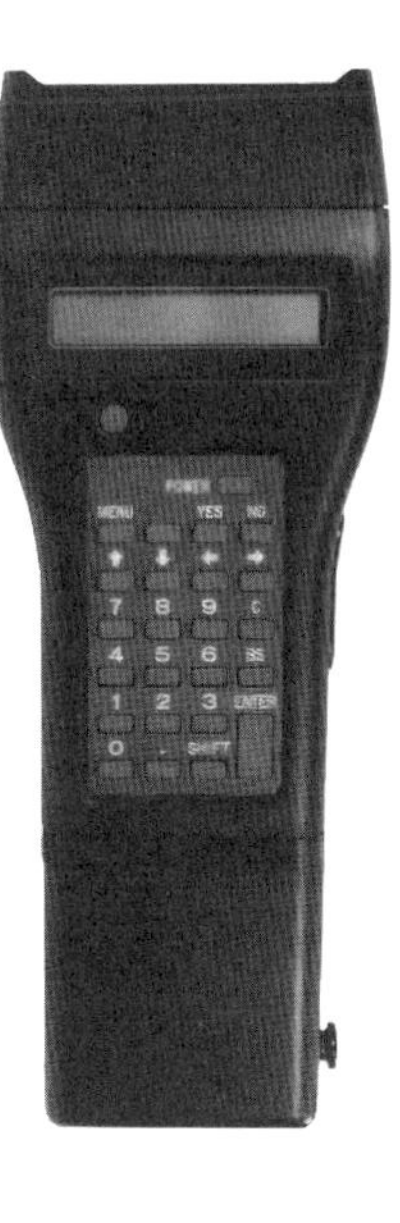

世界最先端の車販用ハンディーPOS（HHC）

た日食系他社にも融通して、広く使われた。（このハンディーPOSは、当時世界で最も進んだ列車内販売用ポスレジだったと自負しているが、その開発の経緯については、後述する。）

もう一つ売上金がらみの問題は、弁当製造の調理センター直売の売掛金のいい加減な処理で、売掛金の現金回収と帳簿不正処理で、金額的には千万円単位に及ぶ不足金の発生もあったが、伝票の整理、売掛金台帳の正確な取り扱いと管理について朝日新和監査法人に指導していただき、会社の病巣を徹底的に点検、是正してもらった。

3 仕入れの正常化→仕入れのソフト・ハードを刷新し、品質本位に

本来、仕入れについては、「品質優先と適正価格」の出来るだけ「生産者レベル」からの仕入れが求められるが、日食にあっては「安さ優先」で「問屋レベル」を選定して、仕入れ先決

定に当たっても不明朗で、袖の下のようなものもあって、根っこから直す必要があった。

そこで、仕入れの総責任者に外部から新たに若菜輝夫氏（株・紀文出身）を中途採用し、一定期間経過後、一九九〇年新設の商品本部長（当初は商品センターと言った）に就任していただいた。

仕入れ先、仕入れ方法、在庫管理などいわば「仕入れソフト」の刷新を図ると共に、「仕入れハード」としてセントラルキッチン、一般貨物営業免許を取り配送機能を持たせることにより、品質管理重視の「本物・自然・健康」の食品づくりを目指すこととした。

すなわち、特に食材などの生産者から直に仕入れる形態をとり、中間の商社、問屋等は出来るだけ通さずに、年間を通じ大ロットで仕入れ契約し、自社内の店舗との受発注システムを合理化し、セントラルキッチン機能を強化し、配送機能を整備することにより、トータルとしては従来に比し圧倒的に「高品質・低価格」を実現できた。

その結果、従来一〇〇〇社もあった仕入れ業者は、約半分以下になり、仕入れ先との信頼関係のもとに「高品質・低価格」を持続でき、部外圧力者などの付け入るスキを無くすことが出来た。
○　ここで話を戻し、当時の「車内販売の強みと弱み」に触れる。日食は、東北・山形・秋田

新幹線、上越・長野新幹線などの車内販売乗務をしていたが、その強みとしては、
ｉ　列車車内販売サービスは、ハンディーPOSを導入した一九九一年以降、様変わりし、意欲的な積極販売のパートタイマー乗務員が増え、自信と喜びをもって乗客に接遇し、サービスレベルが上がるとともに販売額も増進した。他方、弱みとしては、
ⅱ一部の乗客による「セールストークがうるさい」、「ワゴン商品の盗難」、「乗客のセクハラ（女性乗務員の体に触れる・低い位置からの写真どり）」、「コーヒーをこぼされた、ワゴンが接触した」などのクレーム等は止むことは無く、営業所管理者は対応に苦慮していたが、これらによって販売乗務員のモチベーションが下がるようなことはなかった。

VI

大チェンジ・正直改革達成で、日本レストランエンタプライズ（NRE）として発展

一九九八年一〇月一日、日本食堂は、創立六〇周年記念式典を池袋のホテルメトロポリタンで、司会夏木マリさんでJR東日本松田昌士社長をはじめ多くの関係者の参列のもとに挙行され、社名を「株式会社日本レストランエンタプライズ」（NRE）と改称した。

一九八七年JR発足時に加賀谷元社長が提唱していた「大チェンジング計画」と日食に必須の「正直改革」を一〇年余りで名実ともにほぼ達成して、「顧客第一主義、品質重視、経営能力のレベルアップ」の経営理念で新しいスタートを切った。併わせて『日本食堂六〇年史』を刊行して、国鉄改革に翻弄された日本食堂全体の大変革実施の経過報告とした。なお夏木マリさんには、既にNRE弁当改善、有機主義宣言などのイメージキャラクターになって頂いていて、式典の司会をお願いした。

1 本社・現場直結体制確立で経営能力のレベルアップ

日食は全国一社体制下にあっては国鉄と同様に本社―支部―営業所―店舗と言う四段階組織は避けられず、経営の実行は社長の委任を受けるような形で北海道、東北、新潟、関東、中部、関西、広島、九州の各支部長の経営能力に依存していた。
然し分社後の日食は、本社と現場が密着した「なべぶた型の直結体制」とし、電話一本で「ホウ・レン・ソウ・ケツ（報告・連絡・相談・決定）ができるようになり、「業種別・店舗別の月次決算」も翌月初め出来て「改善即決」が可能となったことにより、現場の営業諸課題に即応できる体制が確立した。

こうして新NRE経営の基本は、正直改革を経て出来上がった「会社経営理念」と「社員のやる気、生きがい」が同心円のように一体化し、社員皆が毎日喜びと達成感をもって頑張れる会社にすることだった。

会社の人材確保策は、事業目的達成上の重要人事は内外から最適任者を選抜し、大卒新規採用は、男女半々で年間二〇人余採用した。専門職の調理長、管理栄養士、衛生検査、情報処理技術者、電気工事士などは転職、新卒、JR東日本などから受け入れで態勢を整えた。
また現場における要員確保は各地のパートセンターを通じ本社即決で、やる気のパートタイマーの採用・教育訓練を可能とし、十分要員の確保ができた。現場所長や店長は、やる気の優れたパートタイマーを育成して一定の処遇が出来、店舗拡大に伴いパートの店長も続々誕生し、

昭和62年　旧日本食堂組織図

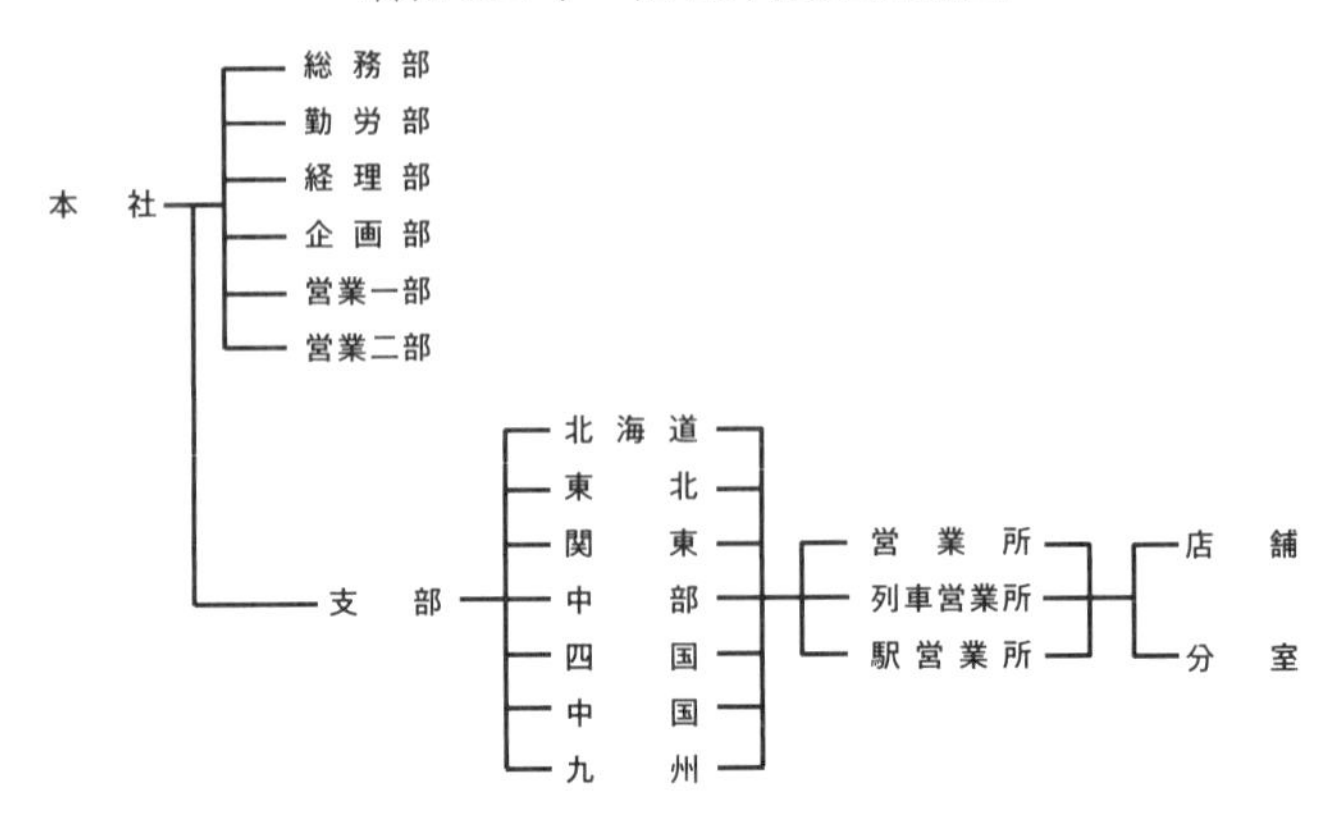

平成10年　NRE組織図

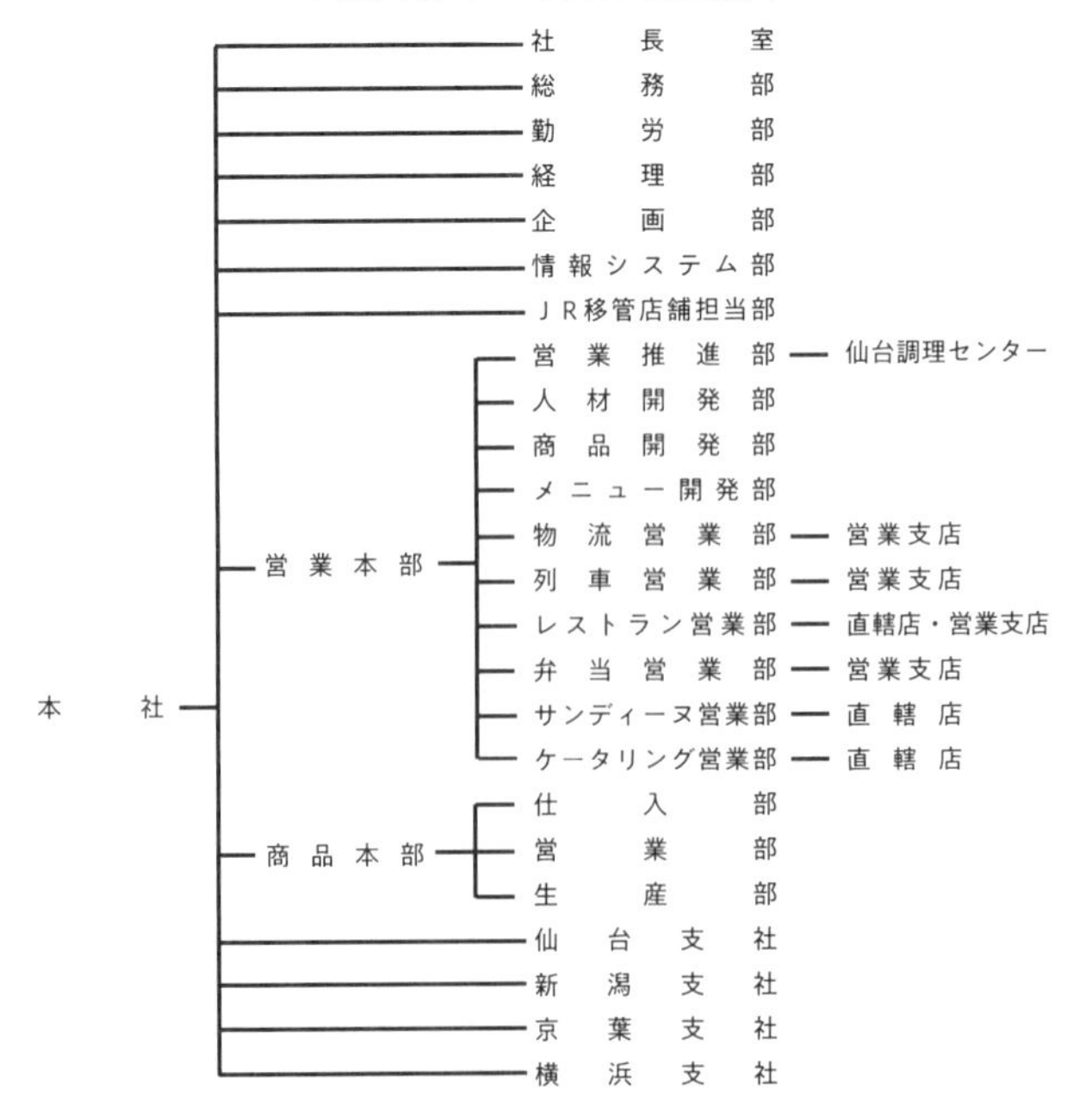

店長のリーダーシップによって営業成績はみるみる上がった。

その結果、一九九七年大チェンジ、正直改革達成時の日食の総売上高は四三二億円で、一〇年前に比べ倍増し、経常利益も実質赤字から一〇億円を確保できるようになった。

○ 現場では社員もパートタイマーもほぼ対等と言うことで、営業熱心なアルバイトの大学卒業生桶田順彦君を最高位の東京駅サンディーヌ店長に抜擢したところ、二〇〇二年七月二一日早朝、無銭飲食のうえ逃走を始めた男を持ち前の正義感で追跡中、犯人に刺殺され殉職するという取り返しのつかない衝撃の事件が起こってしまった。ご遺族には深くお悔やみを申し上げ、出来る限りの償いをさせて頂いた。

犯人は凶器を携行して駅構内に立ち入っており、駅や列車の中はこのような危険人物が紛れて存在する場所であることを思い知らされ、再びこのような犠牲者を出さないために、クレーマー、無銭飲食や不審者に対する安全確保策を練り直したところであった。

2 「やる気のパートタイマー＋ハンディー・POS導入」の相乗効果

① 人手不足を一気に解消した「短時間勤務パートタイマー募集」

私が日食に入社し総務部勤労部長に就任した一九八七年はＪＲ発足の年だが、まだバブル経済真っ最中で、日食も猛烈な列車内販売乗務員不足に見舞われ、パートタイマーも集まらず、本社営業部員などを投入しても焼け石に水で、打つ手なしの危機的状況にあった。

特に東海道山陽新幹線の列車営業所において甚だしく、東海道新幹線の食堂車・車内販売乗り組み基準人員一五人に対して確保できた乗務員は七～八人程度で、所定の半数を乗せるのが精一杯という状況であった。

この原因は、東海道山陽新幹線所管の品川列車営業所の例でいうと、ひかり号広島往復というような一日一〇時間を超えるような大型行路で乗務員運用をしていたため、パートタイマーでは対応不能だったからだ。ＪＲ発足早々に東海道新幹線などの社内販売営業に支障があってはならないのに、労働組合は営業制限、営業休止を迫り、会社側としては絶対的な人手不足解決の糸口が見いだせず、お手上げの深刻な問題になっていた。

そこで提案したのが、広島往復行路のような新幹線大型行路の場合、品川、名古屋、新大阪営業所にパートセンターを設置し、それぞれでパートタイマーを募集し、次のような三分割短縮区間乗務に切り替えることとした。

・東京～名古屋折り返し　勤務時間約五時間
・名古屋～新大阪折り返し　勤務時間約三時間
・新大阪～広島折り返し　勤務時間約五時間

このようなパートタイマーによる小間切れ乗務航路を設定し、募集したところ各所大成功で、品川営業所にあっては、従来ほとんどパートタイマーの集まらなかったところが、電話線がパンク状態になるほど応募者が殺到し、勤労部や関東支部の事務社員総出で面接に当たる嬉しい悲鳴が上がった。しかも、やる気の優れたパートタイマーが多数集まり、乗務員不足は一気に解消された。

②「やる気のパートタイマー」中心の車内販売体制確立

この教訓により、分社後の日食も、列車内販売営業の乗務体制の在り方そのものを見直すこととなり、「パートタイマーによるやる気の車内販売営業」体制を作り上げ、「地方大学生などのやる気のパートタイマーに、ベストの車内販売サービスをしていただく」こととした。

ｉ　本来、「上野―仙台、盛岡」「上野―新潟、長野」で乗務員運用すべきところ、上野とその中間に宇都宮、高崎のパートセンターを設置し、一九八八年当初からパートタイマー中心の乗務体制で営業を推進することとなった。

・上野パートセンター　上野―仙台間（仙台以北は仙台、盛岡営業所）
・宇都宮パートセンター　宇都宮―上野間（主に自由席でコーヒーなどの販売）
・高崎パートセンター　高崎―上野間（主に自由席でコーヒーなどの販売）

ⅱ　パートタイマーに対する教育は、JALの客室乗務員から役員になられた三橋滋子氏の㈱ツアーエスコート協会による、JALアテンダント向けのサービス教育を新幹線車内販売向けにしたものを実施していただいた。

またパートタイマーの制服も、正社員と同一の本井重信氏デザインの最新の制服を着用して頂き、皆に輝いてやる気を出してもらった。

③最新鋭のハンディーPOS利用で、世界一の旅客サービス実現

一九九一年に開発導入したハンディーPOSによって、列車内での販売管理、商品毎数量管

理、搬出戻入管理等が全てバーコード読み取りによって可能となり、列車内販売営業の「決め手のシステム」として威力を発揮していった。

列車内販売営業で、このハンディーPOSを使うことによって、入ったばかりのパートタイマー社員でも、煩雑な売上計算、売上総計から商品出入管理等がバーコードの読み取りで自動的に正確に計算され、全ての販売活動が整理集計されるので計算間違いミスは有り得ず、正しく操作すれば、安心して、楽しく存分に仕事ができるのであった。

こうして、日本初のハンディーPOSをスマートに使いこなし、JAL流のサービス教育とJALイメージの制服を身に着けたパートタイマー社員による列車内販売営業は、当時考えられる最も進化した鉄道旅客サービス・ビジネスに発展していたのである。

○　列車内車内販売改善の人的な側面が、やる気のパートタイマーの確実な確保にあったとするならば、システム的な大改革はハンディーPOS使用によって正確な売上金管理ができて、皆自信と喜びをもって車内販売サービスに励めたことにあった。

これは私が、かつて富士通の電算機学院で学んだ縁で、富士通のアメリカ研修に参加した折、ダラスにあるペプシコーラの子会社でポテトチップスを全米に販売していた「フリトレー」と言う会社のルートセールスマンが携帯していたハンディーPOSを見て、日食として列車乗務員用に開発できないかと考えた。

日食としては、多数の動く列車の中で、多数のワゴンで多数の商品を販売するときの売上金管理、商品積込み・販売・戻入管理の正確を期すために、必須のシステムであった。その開発指導として情報システム担当の福田利幸、樋田秀史の両氏、富士通からの出向の浅野泰彦氏らの多大な貢献があった。

当時、ＪＲ東日本パリ事務所長の菅建彦所長にお願いして、フランスＴＧＶやスペインのＡＶＥなど欧州の高速鉄道の車内販売サービスを視察させていただいたが、日食の東北・上越・長野新幹線などの車内販売の方が、システム的にもサービスレベルでも遥(はる)かに進んでおり、我々日食の車内販売は世界一の水準にあると確信したものである。

④ 新車内販売サービスは長野冬季オリンピック客に大好評

各地のパートセンターの稼働によって、日食の「やる気のパートタイマー集め」が軌道に乗ったことにより、ＪＲ東日本の在来線の優等列車にも次々と新しい車内販売営業が組まれることとなった。

i 一九九〇年、新宿・池袋・東京～伊豆急下田間に特急「スーパービュー踊り子号」の車内アテンダント営業がJR東日本の東京地域本社より打診され、パートセンターのパートタイマーに教育訓練を施しハイレベルの旅客サービスの提供ができた。

ii 一九九二年には、採算的には絶望視されていた山形新幹線の開業後の車内販売営業も、当初からオールパートタイマー社員でスタートし、初年度から黒字営業を実現している。

iii 一九九六年には、東京成田空港間の成田エクスプレス（NEX）営業に関しても、日食からJRに車内販売の企画を申し出て実現した。

iv 極めつけは、一九九七年一〇月の長野新幹線の開業と翌年の長野冬季オリンピック輸送での車内販売で、志村謙一専務の指揮のもと上野、長野の各パートセンターをフル稼働し、長野新幹線開業前に翌年のオリンピック終了までの「パートタイマー・アテンダント」（「あさまレディー」）としての面接採用を終え、教育・訓練を線区の実情に合わせて実施した。

あさまレディーは、航空客室乗務員志望の専門誌を利用して英検二級以上を最低条件で応募したところ、全国で一五〇〇人を超えるモチベーションの高い有能な応募者から選抜できた。彼女らは語学堪能で乗客接遇に喜びをもってサービスしたため、長野新幹線利用の多数のオリンピック観戦客に質の高い旅客サービスの提供ができ大好評を得たのであった。

ＶＩＰを含む外国人オリンピック客のなかには、長野のホテルが満室状態のため、東京のホテルや、中には成田空港近辺のホテルから新幹線利用で観戦に通うお客まで様々で、あさまレディーによる日本語、英語の車内販売アナウンスのほかフランス語の案内まで行って観戦客に最大限行き届いたサービスを行った。

ただ長野新幹線は安中榛名―軽井沢間の碓氷峠トンネルが三〇‰（パーミル）の急勾配を高速運転していて、ワゴン販売にとっては危険な区間がある。従って、ワゴン車に飲料のほか「峠の釜めし」のような重量物を積み込んだ場合を想定し、試験ワゴン車に相当重量の砂袋を積んで（総重量約五〇kg）、ワゴン操縦難易度チェック、ブレーキテストなどを行って急勾配による逸走防止の安全対策を行うなど、地道な努力の積み重ねがあってこその、あさまレディーによる車販サービスの成功だった。

3 セントラルキッチン、配送機能を有する商品本部設立

① ミニ商品センターで仕入れ物流管理システム（ロマン）始動開始

従来の日食の食材仕入れは、小売りそのものの「列車内販売営業」や、近代化路線のハンバーガー・ファストフード「サンディーヌ営業」にあっては、ほぼメーカーなどからの直接仕入れになっていた。

だが、その他のレストラン店、弁当工場などにあっては、日食商事や東越フードが介在していても、実質的に「店舗、弁当工場などの現場調理係の発注」による「二次問屋からほぼ出来合いのものを丸ごと仕入れて」いたため、メニューや販売商品の品質管理チェック、見直し、仕入れコスト削減などの機運は起こらず、「現場調理係依存の個人店舗型経営」を強いられていた。

他方、当時の駅食堂クラスの調理係の平均給与に比べ、増加著しいトラック運転手の月額給与ベースは少なくとも五〜六万円高く、歩合を入れると一〇万円以上の差があったため、日食の調理係を辞めてトラック運転手などになるものがあとを絶たなかった。

このことは現場調理型の店舗経営は、限界に来ていていることを告げていて、日食も、一九七一年（昭和四六年）から勃興した近代外食産業並みに、メーカー直結仕入れ、現場調理不要のセントラルキッチン、配送能力保持、パートタイマーによる店舗経営に移行しなければならない時期に来ていたのである。

さらに、一九八八年（昭和六三年）から、

・JR東日本の看板列車・北斗星号の食堂車営業が始まるとともに、

・不評の弁当類の大改善とJR東日本のエキナカ・コンビニ店への弁当・おにぎり類の納品開始、

・駅レストランの店舗リニューアル改善、大宮駅「ムサシ食品」はじめ日食移管そばうどん店舗への、そば・うどん・ラーメン・つゆの供給

・JR東日本の本社社員食堂の受注希望と給食事業参入などの事業展開計画が目白押しで、これらを成功させるためには、「本格的な仕入れ、セントラルキッチン、責任配送体制などを完備した商品本部」の建設と運用が是非とも必要となっていた。

そこで、第一段階として、一九九〇年荒川区尾久に土地建物を八億円で取得し、ミニ商品本部として商品センター（若菜輝夫所長）を新設し、新生日食の仕入れ改善の第一歩を踏み出した。

商品センターに仕入れ物流管理システムとして「ロマン・システム」という仕入れの受発注管理システムを導入して、仕入れ業務のシステム管理を行うと同時にミニ・セントラルキッチ

ン機能を設け、既に一九八八年（昭和六三年）三月から始まっていた北斗星グランシャリオの食材仕入れ、仕込みと車内への搬入、調理、保管、搬送作業のシステム化をはかった。

この段階で、仕入れルートについては、極力メーカー直結の川上にさかのぼって仕入れを実行することとなり、合わせて仕入れ責任者と仕入れ業者との癒着関係を断つことにより、仕入れ業務の透明性を高めることが出来た。

②品質重視の「仕入れ―セントラルキッチン―配送」の一貫体制完成

日食が「従来の列車・駅食堂事業」から「近代的な食品製造・サービス業」に多角的に展開発展していくためには、「食材仕入れ業務を合理化し、セントラルキッチン機能を強化し、十分な配送網を整備する」必要があった。

その願望は、尾久の商品センター稼働から五年後、一九九五年に埼玉県戸田市美女木に、JR東日本から購入した敷地面積七三二二㎡、三階建て延べ六三〇五㎡、建物工事費三七億円の商品本部の建設をもって実現した。（なお、尾久の商品センターはその機能を商品本部に吸収し、商品試験研究、飲料物流センターに転用した。）

商品本部の建設は、塩谷豊社長時代の一九九四年七月から開始され

北戸田商品本部工場

商品本部・配送センターの役割

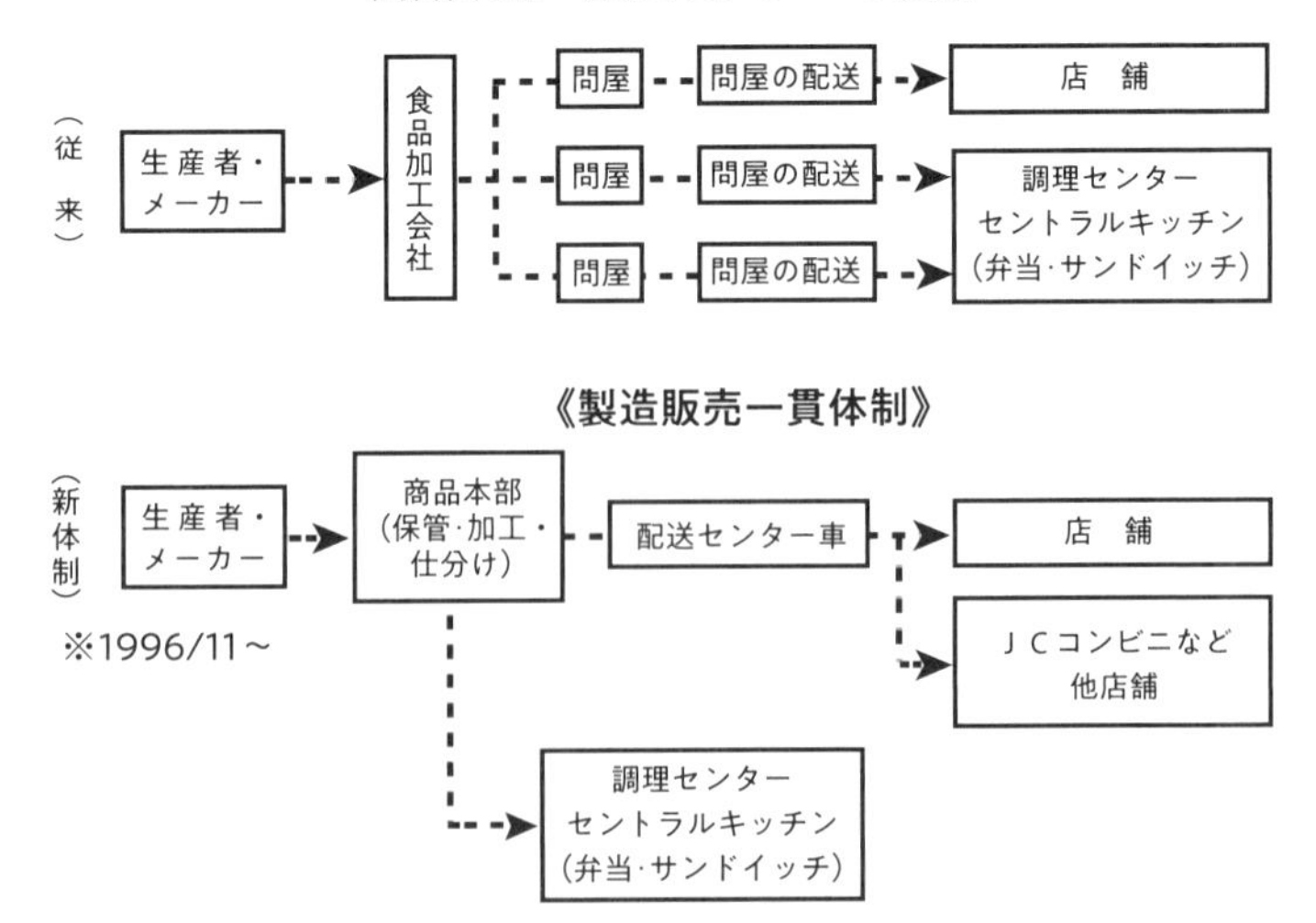

（『品質求道』東洋経済新報社より）

一九九五年一一月に竣工、稼働に際してはＪＲ東日本の住田会長、松田社長はじめＪＲ東日本の幹部の方々を迎え、盛大な式典が行われた。

内部施設は、常温、冷蔵、冷凍倉庫を備え、仕入れ品の受発注・保管・管理機能を持ち、セントラルキッチンとして食材加工調理、製造などの機能を備えシステム化していた。また行き先仕分けして、物流機能を担当する配送センターを併設した。

商品本部稼働よる仕入れ・製造・配送の品質管理の一貫体制とは、

ｉ　仕入れ先は、信頼できる生産者直結に替え、生産者と共同でオーガニック食材まで開発し、受発注などの情報処理は仕入れ物流管理システム（ロマン）を使ってシステム的に行う。

ⅱ　生産者直結の高品質食材を、セントラルキッチンを使ってＨＡＣＣＰ（危害分析重点管理法）などの衛生管理技術を用い、より自然な状態で加工調理を行う。

ⅲ　自社直轄の冷凍、冷蔵、常温の三温度帯を持った物流網を構築し、配送体制を整備した。

こうして食中毒恐怖症を新しい衛生管理体制で克服し安全に食材を供給、生産する体制が出来上がり、次の目標は、今後の食品の在り方の本質ともいえる「本物、健康、自然」の食品づくりであった。

○なお、塩谷豊社長は一九九一年三月から社長に就任されていて、商品本部建設に執念を燃やされたが、一九九五年九月に病に倒れ、一一月の商品本部竣工式を終えて、一二月に埼玉県の病院に最後の入院をされた。高梨運転手の話では、杉並のお宅を車で出られ、わざわざ北戸田の商品本部前を通って病院に行くよう指示され、翌年の一月に不帰の人となられたが、塩谷社長の商品本部に懸ける思いの熱さを物語っていた。

③サンディーヌ、ぶんか亭、いろり庵、GOODTIMESから給食事業まで

一九七一年(昭和四六年)三越銀座店に出店したマクドナルドハンバーガー一号店を皮切りに、いわゆるファスト・フード近代外食産業が勃興し、「フランチャイズ・チェーン制(ブランドノウハウを得る加盟店制)、セントラルキッチン活用、パートタイマー利用」などを武器に多店舗展開を始め、急速に勢力を拡大していった。

一九七八年(昭和五三年)まで外食産業トップだった列車食堂営業主体の日食は、急速に成長する効率的なファストフード旋風の前で為す術もなく、遂に一九七九年(昭和五四年)には売上高ランクが小僧寿しチェーンに抜かれ外食産業第二位に転落し、下がり続けるのだった。

遅れること十年の一九八一年（昭和五六年）日食も新橋駅にサンディーヌ・ハンバーガー一号店を出店、その後全国の主要駅に七〇店舗ほど展開したが、日食のレストラン店は基本的に旧態依然の駅食堂型店舗が主流で、全国一社体制のもとでは、分かっていても改善の仕様が無かった。

しかし一九八八年の分社後は、旧態依然の駅食堂業態を脱皮して、急いで効率的な近代外食産業に発展する必要があった。その第一は店舗調理主義からセントラルキッチン活用による調理人件費の節減、第二は店舗仕入れ、個別業者卸、個別業者配送による受発注ミス、欠品、仕入れ先ごとの配送コスト高の解消で、商品本部直結の受発注、セントラルキッチン、一括配送に一日も早く切り替えなければならなかった。

遅ればせながら日食は、一九九〇年の商品センター、一九九五年の商品本部稼働で仕入れ、セントラルキッチンでの加工、食材も調味料も包材も一括自家配送するシステムに変わり、ミスが無くなり、検品も省略出来て冷蔵庫・冷凍庫等に収納して納品でき、コスト面でも大きな効果が得られるようになった。

それによって、豊富なメニューを取りそろえる和食レストラン「ぶんか亭」や更科そばレストランの「いろり庵」など特徴のある店舗展開、新宿駅にできた三〇〇席もある大型アメリカンレストラン「ＧＯＯＤＴＩＭＥＳ店」などでは、多種大量の食材や飲料などを一括配送し、冷蔵庫、冷凍庫に納品格納し、空ビンなど不用品を回収できた。これら一連の作業を見ると、セントラルキッチン、配送はまさに「第二の営業」で、店舗の営業の下準備はこれらによって成り立っているのである。

給食事業においても、高品質の維持、ミスのない受発注システム、肉や魚の下ごしらえ、カット野菜、品質維持のクックチル方式の流通など、セントラルキッチン、一括配送機能抜きでは実行不可能で、北戸田の商品本部は多業態、多店舗化には必要不可欠であった。

④ 一日五万食のそば・うどん・ラーメン営業

駅の中の立ち食いそば営業は第二次大戦後の食糧難の時代から「空腹を満たすだけ」と言う形態が基本で、営業面では国鉄時代からの既得権に守られており、ＪＲ新時代になっても改善、改革が遅れていた。

当時の駅そば営業の問題は、立ち食い問題もさることながら、製麺仕入れ等の縄張り争いによるガラス片など異物混入事件が起きたり、サービスや衛生管理などが不十分など問題があっても、その実態把握すら十分に出来ないほぼ放任状態に近かった。

しかしＪＲ時代になって、一九九〇年頃以降、大宮駅のムサシ食品や宇都宮駅拠点の東北新幹線車内販売のように、ＪＲ系列外での駅弁会社や車販会社が、弁当販売やそば店営業の持続性の限界を見極め、日食への引継ぎを条件に廃業を申し出始め、彼らの営業する相当数のそば売店も日食で引き受けることとなった。

また弁当屋の中には、新宿駅の田中屋のように、日食の子会社になって事業を継続したいというものから、日食が統合中の高鉄車販、長野車販、東北車内販売、中央車販などの併営するそば店舗も引き受けることになった。その結果もともと数店舗しかなかった日食のそば店舗が一九九四年頃には七〇店舗ほどに増加した。

更に日食のＪＲ東日本系列化が完了した一九九六年の翌年以降は、ＪＲで直営していた「小竹林」などのそば三〇店舗ほども日食への移管が始まり、日食の抱えるそば売店は一挙に約一〇〇店舗にも上った。

そこで日食としては、日食に集まった駅そばうどん店のブランドを「あじさい店」に統一し、一九九六年日食商品本部が本格稼働後は、麺やつゆの生産開始に当たり、当時ＪＲ駅そば店に最も多く麺を卸していた柳沢製麺（株）の簗山社長を商品本部の製麺・つゆの製造部長になって頂き、従来に比し明らかに高品質麺、つゆを生産開始し、より低コストで各店舗に卸すこととした。

これまで個々バラバラに麺やつゆを問屋で仕入れていた各店舗は、商品本部製の品質、味、価格で優位の麺・つゆの受発注から配送まで一貫システムが導入され、店舗経営は格段に近代化した。また、合わせてそば店の衛生管理、食材の冷蔵保管、食器洗浄設備改善、食券自動販売機の完備など設備改善も行った。

その結果、北戸田の商品本部セントラルキッチンでは、そば、うどん、ラーメンなどの製麺、つゆなどの生産が年々増加し一日五万食以上の「製麺」から「つゆの製造」配送まで一貫してできるようになり、品質、コスト、味の面で他の追随を許さない圧倒的に優位な営業が可能となった。

⑤エキナカ・コンビニへも弁当、おにぎり、サンドイッチを供給

我が国の弁当類の販売は、明治以来鉄道の発展とともに駅弁が主流だった。それも東海道新幹線の開通後の一九七〇年（昭和四五年）の大阪万博の頃がピークで一日約二五万食だったと言われている。

その後ファストフード、ファミリーレストランなどの勃興を経て、一九七五年（昭和五〇年）代に入ると、セブンイレブンなどコンビニエンスストアが燎原（りょうげん）の火のごとく数万店規模で全国を席巻し、その販売主力は「弁当・おにぎり」だった。コンビニの「安くて、見栄えが

良く、味もいい」弁当・おにぎりが、一挙に一日千万食単位で売れることとなり、駅弁とは桁が二つ以上違って、あっと言う間に勝負がついてしまった。

その時以降、駅弁は、東京駅など限定された駅での販売と市中展開した崎陽軒の「シュウマイ弁当」、荻野屋の「峠の釜めし」など一部を除き、多くの鉄道駅の駅弁は「文化遺産」の領域に押しやられ、発展するビジネスにはならなくなった。

そこでNREとしては、駅弁では東京駅での高品質弁当の集中販売にチャレンジすることとし、コンビニ型弁当・おにぎり類については、キヨスクがJR東日本の駅構内に展開するエキナカ・コンビニ店に品質重視の弁当、おにぎり、サンドイッチなどを卸すこととした。

エキナカ・コンビニ向けの高品質弁当・おにぎり・サンドイッチ類の提供は、尾久の調理センター、北戸田の商品本部のセントラルキッチン、配送機能を活用すれば、首都圏一三〇店舗への配送は十分に可能で、以降エキナカ・コンビニとの取引はNRE営業の重要な柱となった。

4 品質本位事業の拡大展開とブランド化実現

① 弁当改善と社員の鉄道貢献心で躍進した東京駅弁当売店

ＪＲ発足後の一九八九年のある日、東京駅のコンコースを歩いていると、八丁堀の本社に戻る加賀谷社長，塩谷専務とばったりあった。

聞けば、木下秀彰東京駅長に弁当売店設置のお願いできたが、残念ながら面会できずに帰るところだという。予約していたのか、突然の訪問だったのか知らないが、衝撃的なことで、改めて、当時の野良猫日食の立場の厳しさを象徴する切ない光景であったが、東京駅への弁当売店新設願いは重要で、これで諦めてはならないのだった。

半年ほどして、自ら予約を取って木下東京駅長に面会し、「見本をお持ちしたが、日食の弁当は高品質優良弁当となったこと、一九九一年には東北上越新幹線の東京乗り入れもあり新幹線旅客、総武線旅客用にメインコンコース内に弁当売店を新設する必要がある」ことを訴えた。

木下駅長は「弁当売店設置の必要性は同感で近々設置可能箇所を提示する。今日、日食さんにお礼を申し上げたいのは、このところ困っていた駅トイレ内の差別落書きを日食社員がずっと消し続けていてくれたことだ。こういう協力をしてくれたのは日食さんだけだ。ご協力に感謝する。」と言うことだった。

こうして弁当改善と日食社員の鉄道貢献心の効果もあって、念願の東京駅メインコンコースをはじめ、総武線、京葉線口など必要箇所に弁当売店を配置でき、東京駅でＮＲＥ弁当を買っていただくお客が大幅に増え、やがて好評の「東京駅のＮＲＥ弁当販売」に発展していく。

ただ、日食の弁当売店は、以前からビールなどお酒の販売免許はなく、「弁当にビール、お酒」と言う様なお客の対応が出来なかった。これはキヨスク売店が酒類販売免許を独占していたためであった。しかし、当時のＪＲ東日本キヨスクの鈴木淑也専務の取り計らいで、日食も特定弁当売店は酒類販売免許の申請が可能となり酒類を販売したところ、弁当類の大口利用客に缶ビールがケース単位で出るなど売店売上も大幅に伸びることとなった。

②ＪＲ東日本・本社食堂受注成功で給食事業進出

外食産業の中で、特に品質が大事にされるものに給食事業がある。給食事業は英語でコントラクトフードと言うが、食べてくださる方々と作る側との間で信頼関係を形成していくことで高品質を適正価格で安定的に提供し、共に発展するという意味合いがある。

ＪＲ東日本の本社は一九八七年の発足後暫くは東京丸の内の旧国鉄本社ビルを使っていたが、二〇年後には新宿に新本社ビルに新築移転し、二〇〇〇人規模の事業所給食が始まるということになっていた。

これまで旧国鉄本社ビルの社員食堂は（株）弘済サービスが行っていたが、新宿新本社ビルの社員食堂は、フリーコンペになるはずで、ＪＲ東日本に一〇〇億円も投資して頂いた日食としては是が非でも受注させて頂きたいのだった。

実は、私は既に一九九二年にセゾン総合研究所長小山周三氏とアメリカの給食事業について、給食トップ企業のＡＲＡサービスやマリオット社などを視察勉強させて頂いていた。

一流のホテルを併営するマリオット社などが代表例だが、アメリカにおける給食事業はフードビジネスの中でも、ファストフード、カジュアルレストランなどよりステータスが高く、品質を重視し顧客を大切にする業種で、今後の日食が事業の中心に据えるべきは、給食事業だと思っていた。


そこで日本の給食事業大手グリーンハウス社の子会社でワシントンに本部のあるシニー・リトル・ジャパン社の社長金子孝一氏（厨房工学の権威・後に宮城大学教授）を通じて米国シニー・リトル本社を紹介して頂いた。

シニー・リトル社には、一九九三年再度小山所長と伺い、再度米国のＩＭＦ（国際通貨基金）本部など官公庁、一流企業、病院、博物館などの給食施設を視察するとともに、シニ社長、リトル副社長と給食事業における最新のトレンドや調理技術なども取り入れ、ＪＲ東日本新本社ビルの給食事業受注のための企画書づくりに入った。

シニー・リトル社との結論は米国における最新トレンドとして、

・アンビエンス（いい雰囲気）
・エキサイトメント（興奮）
・クオリティー（品質）
・フレッシュネス（新鮮）
・バラエティー（多様性）などを満たしていて、

クックチル（加工済み食材の低温流通）方式など最新の技術を活用し、セルフサービス方式の徹底による人件費の削減と廃棄物を出さない食材コストの削減などで、適正利益の出る持続可能な経営を提案された。

また、メニュー面は、出来るだけ高級感を出そうと、和食には高級寿司、みそ汁の充実、丼、麺の改善に重点を置いた。洋食ではパスタ、サラダの充実と中華では高級で上品な中華麺類を導入した。調理総責任者は、和食・横山勉、寿司・股村忠勇、洋食・佐藤憲雄、中華・本田光信の各調理長に当たって頂いた。

なお、日本の社員食堂で見られる、御客が長蛇の列で待った挙句、一〇分前後で入れ替わり回転する早飯食いは、アメリカでは驚きだったが、推奨できるものではなく、昼食と言えどもゆっくり食べて楽しめる席数、ゆとりスペースの必要性も付言させて頂いた。

こうして新JR東日本本社ビルの社員食堂受注に成功してみると、給食事業（コントラクトフード）は文字どおり、「食べる側の期待」と「作る側のその期待を上回るサービス」を持続できるか否かの信頼関係そのものだということがよく分かった。

日食の給食事業はJR東日本本社、東京工事局ビル社員食堂、JR総合鉄道病院はじめ民間企業四社ほどに及ぶとともに、老人介護施設などにも進出したのだが、その後日食の給食事業が成功発展しているということは残念ながら耳にしない。

JR東日本の本社食堂が何とか持続していれば、最小限の目的は果たされているが、給食事業については、本来貢献事業で、お互い高品質サービスの提供と適正利益を長期にわたって分け合う正直経営を実践する貢献精神がないと上手くいかないのである。

③老舗「日本ばし大増」のM&Aへ

日本食堂に入社以来、「高品質は売れる」との信念のもと、毎年、阿部正義和食調理長にお節料理を二〇〇個ほど作って頂き、時には駅の弁当売店で売ってみたが、どんなに良い内容のものでも、残念ながら唯の一個も売れなかった。

やはり事業と言うものは良いものを作る力が基本なのだが、それを売る力はもっと大事で、それには商品にブランド力が必要になる。そのブランド力を自社で形成できればいいが、時間をかけても出来ない場合は、他社のブランドを買いとるしかない。

外食の世界では、老舗の料亭が売りに出されたり、全国展開のブランド食品会社が売りに出されたりしたが、いずれも「帯に短し襷に長し」で、NREには手におえないものばかりだった。

そんな時に(株)ニチレイから当時で明治以来一一五年の歴史を有する総菜会社「日本ばし大増」の営業譲渡の話を頂いた。

当時「日本ばし大増」は東京近郊の百貨店三十数店舗で弁当総菜類を売っていて、年商二一億円ほどだった。大増ブランドは和風・関東味で中高年顧客に長年支持されており、特にお節料理に強く、御節だけで年七千食売り上げる大手だが、当時新しく登場した洋風総菜などに押され、経営的に厳しくなり売却の話となったようだ。

NREとしては品質重視路線の中で弁当革命をやって、オーベントープロジェクトを始動させて、今や文化財になった駅弁に終始するわけにもいかず、小売り主導のコンビニ弁当では到底満足できず、「二一世紀の本物弁当作り」を見据えて、高品質をブランド力に高めて市中展開するには渡りに船と、二〇〇三年に「日本ばし大増」の買収が実現した。

買収に当たって、ニチレイとの間で必要なデューディリジェンス（Ｍ＆Ａでの適正評価手続き）をやってくれたのが、ＪＲ東日本から出向の出口秀己常務で、この時期、ＮＲＥで営業責任者として大活躍していただいた。

これによって、ＮＲＥは高品質の弁当・総菜類を「日本ばし大増」のブランドで製造し、自社、百貨店などの小売りを通じて、自在に販売することが出来るようになったのである。

④ 理念高い老人ホームの経営

二〇〇二年頃、東京都で月額五万円ほどで入れる特別養護老人ホームの入居者数は三万人、その数倍の料金を払う民間の優良老人ホームの入居者が七千人と言われていたので、両者合わせて三万七千人の人が施設介護を受けていた。

前者の特養ホームは、料金は安いが個室サービスが不十分で、食事などもいまいちと言われている。何よりも順番待ちが、公表されている数字ではないが三万人以上もいると言われていて簡単には入れない。

後者の民間老人ホームは、お金を出せば入れるが、何しろ入居金を千万円単位でとられるうえに、毎月の利用料も二〇～三〇万円はかかる。これではいくら大事な親でも普通のサラリーマンでは手が出ない。

然し、二〇〇〇年に介護保険がスタートし、保険適用で介護が受けられるとなると施設介護の主役は民間老人ホームになることは明らかで、これからは「出来るだけ廉価な利用料で、良質なサービスが受けられる」民間老人ホームが必要となる。

そこで、親会社のＪＲ東日本から出向の浅田勝氏、東京都福祉局出身の森勝幸氏、谷塚秀男氏、ＮＲＥサービス岸仁雄社長、日食エステート大竹淑夫社長らで、ＮＲＥの経営資源や人材を活用し、社会貢献と適正利益の確保を両立できるベストの介護ビジネスの在り方とを検討した。

その結果、ＮＲＥが所有する大田区大森の旧女子寮を廃止し、跡地を利用した五〇人収容の民間型優良老人ホーム「大森弥生ハイツ」を三億円余りで建設し、二〇〇四年より開業した。大森の女子寮は年間維持費が三千万円ほどかかっていたので、当時経営を始めた上野の弥生会館付属の女子寮に寮生を統合すれば、これらの経費も節約でき、かなり有利な条件で施設運営が見込めたからだ。

この介護施設は特養などの他の介護施設の「調理受託」も営業目的とするモデル実験的施設

で、入居保証金として五〇万円は頂くものの退去時には返還し、月額入居費は年金に少し足していただく程度の二五万円とし、全部個室（一八㎡）とした。

このプロジェクトは、これから重要になってくる高齢者の介護、食サービスを如何に少ない負担で質の高いものを提供するかというチャレンジとして始めたものであった。品質を大事にするＮＲＥが自らの事業理念を何処まで実践できるか日本の高齢者問題に真正面から取り組む一歩を踏み出したものである。

シニアライフ情報センターの理事池田敏史子氏からは大森弥生ハイツは「良心の塊」と言うお褒めの言葉を頂いたが、ＮＲＥが老人ホームなど社会貢献事業に進出できたのは、日食時代からの蓄積された経営資源の有効活用や近代化セントラルキッチンの整備が出来て、その範囲内で実験施設的に出来たのである。今後の進め方は、社会貢献事業を適正利益のもとで何処までできるかを見極め慎重に対処していく必要がある。

ＮＲＥ大森弥生ハイツ

VII

取り残された駅弁当屋、車販会社は日食への統合で救済

1 家業駅弁屋の見切りどき

ＪＲは国鉄改革の特別措置により、近代的な民営企業に脱皮誕生したが、鉄道構内営業の御三家と言われた鉄道弘済会、日本食堂、鉄道会館などの旧国鉄関連事業は、ＪＲ新時代になって大急ぎで大チェンジし、自力改革により今度はＪＲの系列子会社として事業の継続発展をはかることとなった。

然し、古くから国鉄駅で構内営業の許可に守られて独占的に駅弁類を売っていた多くの駅弁会社は、民営ＪＲ時代になって、一夜にして資本、市場の自由競争にさらされ、商品力、競争力を失うこととなり、既にコンビニ弁当に敗退していた大多数の駅弁屋は廃業が現実のものとなっていた。

一八八五年（明治一八年）開業と言われる大宮駅で弁当、そば店を一手に手掛けていた大宮駅のムサシ食品（株）の大沢俊彦社長はＪＲ時代になって弁当屋家業に見切りをつけた様で、一九八九年（平成元年）にお目にかかったところ「東北・上越新幹線の大宮駅暫定開業も四年ほど前の昭和六〇年で終わり、私の後継者もいないので引退を決めた。大宮駅ムサシ食品の全店舗は従業員共々信頼できる日食さんに引き継ぎたい。」という話を頂いた。

更に同じ頃、新宿駅弁当そば営業の田中屋（田中敦子社長）が今後ともJR構内で商売をさせて頂く以上、家業形態からJR系列に入りたいということで、日食の子会社になってもらった。田中屋も明治一八年山手線が出来た頃からの創業で、当時山手線の新宿駅周辺には、田中屋、高野、中村屋ぐらいしかなく、大変な老舗なのだが、国鉄改革で頼れる先を無くし、日食田中屋として再出発することとなった。

このようにJR時代になってJR系列化が進むに従い、非系列の大沢社長のムサシ食品の弁当売店、そば店舗の引き継ぎに続き、新宿駅の田中屋、千葉駅の万葉軒、木更津駅の浜屋、立川駅の中村亭、甲府駅の甲陽軒、高崎駅の高弁、大船駅の大船軒など多くの弁当会社が駆け込み寺のように日食傘下への経営相談にあずかることとなった。

然し、当時既に弁当と言えば普通コンビニの弁当を指していて、駅弁は地元駅や東京駅など特別の場所や百貨店の駅弁祭りなどでは人気があっても、一般には文化財の領域に押しやられて、文化財としての魅力すら無い駅弁は消え去るしかなかった。

従って甲府駅の「甲陽軒」なども名門中の名門で是非とも残したい弁当屋で、私自身何度も足を運んで相談にあずかり再生を試みたが、時代の流れには抗しきれなかった。木更津駅の「浜屋」も結局撤退してしまった。

2 東北線車内販売小池知明社長の先見

そもそも列車内車販会社は一九五八年（昭和三三年）の東海道線特急電車「こだま号」に始まる車窓固定式車両の出現によって、弁当会社が駅での立ち売りが出来なくなったことにより、在来線特急列車からその後の新幹線に至るまで、一九六一年（昭和三六年）前後に車内販売会社を設立して列車に乗務しての弁当販売を国鉄より認められたものであった。

その車販会社も誕生以来三三年程経過した段階で、かねてより「車内販売の一列車一業者の原則」を主張する日食の車内販売が大チェンジし、正直改革を達成して、販売路線を拡大しているときに、すっかり取り残され活力無き車販会社一一社の命運は誰の目にも、明らかであった。

このまま放置していては、何れJRから紙切れ一枚の退去勧告が出るは必定で、お互い最もハッピーな選択は、日食が統合一元化に動くことだと思い、一九九〇年春に宇都宮市の東北線車内販売（株）の小池知明社長を訪ね、車販会社の日食への統合の話をした。

小池社長は栃木県会議長も経験された人格識見の高い先見性のある方で、「先にJR東日本がカフェテリア売店付きの新幹線やまびこ号を運転した時から、自らの車販会社廃業を決意し

車販会社 11 社の統合経過

買　取　会　社	買取額（千円）	買取年月日	記　事
東北線弁当販売	150,000	平成 3 年 7 月 1 日	車内販売業務 構内店舗　会社解散
高鉄車内販売	12,177	平成 6 年 11 月 18 日	資本金 1,000 万円 10 月 1 日営業譲渡
長野車内販売	36,920	平成 6 年 7 月 22 日	資本金 1,000 万円 10 月 1 日合併（無償消却）
東北車内販売	46,800	平成 6 年 8 月 17 日	資本金 1,000 万円 10 月 1 日営業譲渡 除権判決後解散
中　央　車　販	150,000	平成 6 年 10 月 28 日	資本金 3,000 万円（当面 87.5% 株式譲渡 11 月 1 日子会社化・後 100%株式譲渡）
キ　ヨ　ス　ク	3,500	平成 7 年 4 月 28 日	ＪＲ東日本に 10 月 31 日に営業廃止届出、11 月 1 日（信越、中央）、4 月 1 日（常磐）
越　川 ＪＲ東日本商事	0 0	平成 7 年 4 月 28 日 〃	キヨスクとの委託契約 10 月 31 日で解除、11 月 1 日日食との委託契約
新鉄構内営業	200,000	平成 7 年 2 月 14 日	資本金 2,000 万円 車販部門 11 月 1 日営業譲渡 株式譲受後子会社化
交通サービス	23,250	平成 7 年 4 月 28 日	平成 7 年 4 月 1 日営業譲渡
秋鉄構内営業	10,320	平成 7 年 12 月 20	平成 8 年 1 月 16 日営業譲渡
京葉観光産業	458,424	平成 9 年 4 月 1 日	車内販売業務 構内店舗（3 社合併）
計	1,091,391		

ていた」と言い、日食への統合は「善政」と讃えて頂き、すぐさま日本食堂へその営業を一任されたのだった。

日食としては、東北線車内販売の小池社長の決断による日食への統合を翌一九九一年七月に実施して、他の車販会社の統合もＪＲ東日本関連事業部妹尾健二事業部長公認の形で推し進めることとし、朝日監査法人による株式評価額を算出してもらって、一一社にも及ぶ各車販会社に営業譲渡などの方式で株式買い取りを提案した。

車販会社の中には、一部異議を唱えるところもあったものの、大半は時代の趨勢を感じ取り、このＪＲ・日食共同提案の統合一元化施策に同調してくれたので、合意できるところから統合一元化を進めた。

その結果、車販会社の一元化は、一九九四年から具体的な買い取り契約に入り、最終的には一九九七年四月の京葉観光産業の統合をもって車販一一社全て終了した。一一社の株式買い取り金額は約一一億円ほどを要したが、これでＪＲ東日本管内の列車内販売は日食の近代化・システム化された車内販売に一元化された。

3 女性客に嫌われた「そば立ち食い」

ＪＲ東日本の山之内秀一郎副社長はＪＲ発足直後、ことある毎に「駅の牛乳立ち飲みとそば立ち食いは何とかならないか、もう終戦直後じゃないぞ」と言われていたが、牛乳の立ち飲みはキヨスク売店の話だし、立ち食いそばも日食がらみは当時は三店舗ほどしかなく、一筋縄でない業界の改革には同感しても自分の仕事とは思っていなかった。

ところがこの「立ち食いそば店」が、どんどん日食に集まりだして、そば店の営業が拡大することは有難いのであるが、問題だらけのそば店改革まで日食がやるのも如何かと思ったが、受けて立つこととした。

日食に駅のそば店が一〇〇店舗も集まっても、それらのそば店の品質、味やサービス、衛生管理などが従来と変わらず、何の改善、進歩もなければ、日食がやる意味が無い。

i 駅そば店の立ち食い解消は、女性客には絶対条件と言ってよく、店舗の大型化の図れるところは全て椅子席を設置し、ハンドバックの置場も設け、自動券売機、空調設備を完備したところ女性客が大幅に増えた。

ただ駅のそば・うどん・ラーメン店の「立ち食いの解消」で限界があるのはプラットホーム上の狭隘（きょうあい）な立ち食い店で、これらの改善については必要最小限にとどまった。

ii また、一九九七年以降一〇〇店舗ものそば店に供給したNRE商品本部製のそば・うどん・ラーメンは、麺やつゆの品質、味は良くても、どうしても画一的になってしまうので、女性客増加を意識して、うどんについては「関西風薄口味」に切り替えたり、二〇〇二年以降にはJR東日本の紹介でJR四国の「めりけんや」製の「本場讃岐うどん」を恵比寿、新橋、上野などの駅で導入した。恵比寿駅に開店したセルフ方式の「さぬきうどんNRE&めりけんや店」

は連日千を超えるうどんが出たが、うち女性客は四割にも達した。更にラーメンについては本田光信調理長による「ラーメン粋家」などラーメン通に喜ばれるブランド店の展開も図り、これは老若男女を問わず好評であった。

こうして「立ち食い解消」や「そば類の品質改善」などある程度のお客様サービスの改善は可能な限り行ったが、駅構内のそば業界は旧国鉄時代からの利権の世界そのもので、いきさつ不明の事業者も存在し、抜本改革をはかるには、とても日食の手に負えない面もあった。

何より日食自身が子会社を介して、都心でうどん店経営の某氏に委託していたそば店三店舗の委託を解約し、直営化しようとしたところ、強い反対にあった。仕方なく委託解約の最後通告をしたところ、在京某暴力団までかかわってきたので、警察に届けると、私の自宅所轄警察が身辺警護を敷き、自重を申し渡されたため、この時も事態を静観するほかなかった。ほどなく、くだんの委託会社社長が末期がんで落命して、委託契約を解消でき、ようやく一件落着できたのであった。

Ⅷ

NRE有機主義宣言で、日本発世界に「オーベントー」提案

1 認証制度発足三年前の一九九七年に「NRE有機主義宣言」へ

①「非自然化」で安全性喪失に直面する食べ物

食の世界は、この半世紀余り、工業化の進展による大量生産・大量販売で、生命維持そのものの食べ物も、殆どが人工的に作られるようになり、遺伝子組み換え技術の普及や多様な化学物質の汚染など、一挙に非自然化が進んでしまった。

野菜や果物、肉や魚などを見ても、見た目は眼を見張るほど立派で、安くて、味もいいのだが、「本物、自然、健康」の品質は次第に失われつつある。

それは、大量生産・大量消費時代の農産物、畜産物、養殖魚、その他加工食品などは、自然環境で自然に育てるやり方から、人工的かつ工業的に大量生産されている。露地栽培から太陽光に頼らないハウス栽培、堆肥から化学肥料、農薬殺虫剤の使用、添加物入りの配合飼料、抗生物質、成長ホルモン剤の使用などによって、成長の促進、収穫量の拡大、見栄え、味の改善などが工業的に行われている。

更に加工食品を見ても、人口着色料、化学香料、防腐剤・保存料など様々な添加物が使用されており、生産・加工・流通を通じて複合汚染の食品の大量生産、大量消費は人類の行き着く先が「行きどまりの世界」であることを警告している。

今はいわば「失われた自然・品質の中での飽食」を謳歌している安心できない世界にあり、その結果が、食品の安全性喪失という重大問題に直面することとなっている。

それは、最も高級な食べ物とされる牛肉がBSE（牛海綿状脳症）に感染することによって、一九九〇年代以降イギリスをはじめ、日本を含む世界二〇数か国に広がり、危険部位を除去しないと、自由に食べられなくなったことに象徴されている。

② 少数でも、消費者の安全を守る「NRE有機主義宣言」

食べ物の工業的大量生産で、非自然化、品質悪化、安全性喪失が進む中で、注意深い少数の消費者や病弱者などは食べ物の「高品質、安全性」を優先的に強く求めているが、大多数の消費者は、食品の購入を「見栄え、安い、美味い」で決めてしまい、「高品質、安全性」の重要性に注意が及んでいないため、食品の品質、安全性は何時まで経っても改善されることがない困った状態が続いている。

二〇〇三年当時のオーガニック先進国の有機農業の現状を見ると、日本の有機圃場面積の割

世界各国の有機農業（2003年2月調査）

有機圃場面積（ha）		順位	有機圃場面積割合（%）	
オーストラリア	10,000,000	1	リヒテンシュタイン	26.40
アルゼンチン	2,960,000	2	オーストリア	11.60
イタリア	1,168,212	3	スイス	10.00
米国	950,000	4	イタリア	8.00
ブラジル	811,769	5	フィンランド	7.00
ウルグアイ	760,000	6	デンマーク	6.65
英国	724,523	7	スウェーデン	6.09
ドイツ	696,978	8	チェコ共和国	5.09
スペイン	665,055	9	英国	4.22
フランス	509,000	10	ドイツ	4.00
日本	5,083		日本	0.10

澤登早苗著『有機農業の現状と課題』より

合は、〇・一%で殆どゼロに近く、オーストラリア、イタリア、スイスの一〇%前後、英国、ドイツの四%程度と比べても低すぎて、日本農業の後進性、農政の貧困ぶりを如実に示していた。この傾向は今も基本的に変わっていない。

日本農業の最優先課題として、先ず主食のコメについて、改良された在来種を守り、消費者や食産業に支持された「有機農業など本物の強い農業」に発展していかないと農業全体が崩壊しかねない危ない状況にあることを強く感じる。

少なくとも主食たるコメ生産農業は、食する人にとって生命維持そのもので、専ら農薬依存や遺伝子組み換えでなく、出来るだけ「本物、自然、健康」であって欲しい。更にこれからアメリカなどによる「特許権付き遺伝子組み換え種」による日本農業支配の食料戦争に負けないためにも、日本農業の種を守った体質強化は必然なのである。

アメリカなどバイオメジャーによる「種の支配」による攻撃から、日本農業を守り抜くためには、消費者、食産業などと連携して高品質有機米需要を増やし、改良を重ねてきた在来種を保持育成するに最適の有機農業を拡大していくしかないということだ。

私は、当時ほぼゼロの日本の有機米農業が、全体の一〇%くらいになれば、日米食料戦争に一方的に負けることもなく、日本農業が食料安全保障上独自固有の発展を遂げることは可能と考えていた。

そこで我々食産業にあるものは、たとえ「少数の消費者の高品質・安全要請」でも、本来「食べ物は生命維持そのもの」で「本物、自然、健康」でなければならないとの理念のもとに、一九九八年「NRE有機主義宣言」を打ち出すに至った。

国際的には既にできている有機農産物生産基準だが、日本では遅れて二〇〇一年に有機認証制度が始まる予定だったことから、三年程早いスタートだった。

なお、有機認証機関としては小岩井農牧（株）の紹介により日本オーガニック農産物協会（NOAPA・有福雄一氏）のメンバーとなり有機認証手続きを行った。

ⅰ 先ず秋田県の有機米生産農家四軒を紹介してもらい日本産有機米栽培「秋田こまち」の生産へと発展していくこととなった。

有限会社　東雲農園（能代市）　佐藤浩氏
有限会社　真正ファーム（大館市）　虻川真一氏
有限会社　須田商事（本庄市）　須田ミエ子氏
　　　　　農業経営者　（大潟村）　池端哲夫氏

ＮＲＥとしては二〇〇〇年で、年間米使用量三〇〇〇トンに対してこれら秋田県の農家に年間一八トンの有機栽培米の生産をお願いしたが、頑張ってもこれが限度だった。

ⅱ 日本では、有機米の大量調達は困難なため、後述するオーガニック米使用の冷凍弁当「オーベントー」用のカリフォルニア・ランドバーク社（グラント社長）の「あきたこまち」年間三〇〇トンについて、ＮＯＡＰＡによりカリフォルニアで認証に必要な手続きを行った。ランドバーグ社は同社のコメの全生産量の六〇％がオーガニック米で、既にカリフォルニア州の有機認証を取っていたが、日本のＪＡＳ法による認証も後で取得した。

③ＮＲＥ有機リサイクル農園の開設

コメに続いて野菜の有機栽培の事業化に取り組むため、日食エステート（大竹淑夫社長）を通じて、一九九九年に茨城県友部町のＪＲ東日本の操車場跡地を借り受け、八千坪ほどの有機栽培の実験農場を開設した。この実験農場では野菜などの食材クズをリサイクルしたコンポスト肥料を用い、ネギ、レタス、大根、ほうれん草、ジャガイモなどを栽培し、ＪＲ東日本社員食堂など給食施設で、有機野菜として提供させて頂いた。

農場予定地は元操車場だけに石ころだらけで雑草が繁茂し、開墾（かいこん）は難渋を極めたが全てＮＲＥの若手社員の努力で荒れ地を立派に蘇（よみがえ）らせた。

農作業は「ＪＡやさと」（茨城県八郷農協）の指導の下に農業経験のあるＮＲＥ仙台営業所出身者三名にお願いし、畑の開墾、草取り、収穫などは本社社員なども総出で手伝ってもらったが、社員自ら有機栽培の実際を体験し、理解してもらった。

そのへんの経過をＪＡやさとの対外対策室柴山進氏が記録されており、拙著『品質求道』（東洋経済新報社）より以下に引用させていただく。

「ＮＲＥの友部農場の構想の始まりの時、ＮＲＥ関係の方三名がＪＡやさとにこられた。ちょうどそのころ、ＪＡやさとでは有機栽培部会を設立し、ＪＡとしても有機農業にかかわり始めたときだった。ＮＲＥの皆さんが私のとこへ来られた理由は、ＪＡやさとが有機農業に関心があったという情報を得ていたことと、友部農場がＪＡやさとに近かったことだと思った。

早速ＪＡの関係職員（岡本部長、鈴木、柴山）で、廃線敷きの農場予定地に行ってみたが、それは酷いところであった。石ころだらけ、草だらけ、半世紀にわたっての放棄地で、とても畑になるとは思えなかった。

私がすぐ思いついたのは、別の畑を見つけたほうが早いということだった。

しかしどうしても農場にするというので、具体的にアドバイスをしてあげた。

ⅰトラクターのレベルでなく重機による整地と開墾
ⅱその後相当量の家畜糞の堆肥の投入が必要
ⅲ農場関係者が土壌分析を行ったが、農地にするまでには厳しいものがあるということで大型トラクターでの耕転が必要。

その後さらにびっくりしたのは、ＮＲＥの社員の方たちが農場に派遣されて石ころだらけの広大な土地の石や破片物を手で拾っていくという作業をしているのを見た時だった。

それは、気の遠くなるような作業であった。

そして見事にその土地を畑にしてしまったのだった。

一応の形が整い、ＮＲＥ農場でのお披露目の案内を受けたが、当初想像もできなかった素晴らしい農場が出来上がり、嬉しく思った。」


私もこの時の若手社員が苦労をいとわず有機栽培畑にかける情熱の姿を見て、オーガニック農業の精神と価値を感じ、出来るところから少しずつでも進めていきたいと決意を新たにした。

2　弁当革命で究極の有機米冷凍弁当の「オーベントー」誕生

①今の弁当は所詮Ｂ級グルメ

一九七五年（昭和五〇年）代から我が国の津々浦々に至るまで、コンビニエンスストアが広がり、その主力商品は弁当・おにぎり・サンドイッチ・総菜類で、今から三〇年以上前で一日一千万食以上は売って日本全体の市場を席巻しており、私どもが携わっていた駅弁とは数量で桁が二つは違って、世はコンビニ弁当で埋め尽くされた。

このように、弁当は「駅弁」から「コンビニ弁当」へと主役は完全に移り変わったのだが、圧倒的な競争力を有するコンビニ弁当ですら、依然として従来の駅弁と同様の弱点、問題点を残し、今の弁当は所詮B級グルメの域を脱することが出来ず、理想的な食品とは言い難かった。

今の弁当の弱点・問題点とは、

ⅰ 弁当類全体に言えることだが、小売りを通して売られている弁当類は、見栄えよく、味もよく、安くて、今や日本人の国民食となったように見えるが、一部を除き品質面で特に評価できるものは少なく、ただ「多くの日本人が便利に食べている」だけにすぎないのである。それが証拠に、外国人がこれらを好んで食べている姿はあまり見たことがない。

ⅱ コンビニ弁当、駅弁とも、未だに「冷たい状態」でしか弁当を食べられないことは旧態依然で、致命的な弱点と言えよう。

ⅲ 弁当類の貼付シールを見ると分かるが、他の加工食品と同様に化学添加物、合成保存料などの使用が当たり前となり、今後もそれらを使わない製造者は食中毒の恐怖から逃れられない実態が続いている。

ここに我々食産業人にとって、究極の弁当を求め続ける「弁当革命の必要性」を感じ、究極の弁当作りにチャレンジしてみたくなったのである。

②究極の「オーベントープロジェクト」始動

二一世紀を迎えて弁当革命すべきこととは、

ⅰ 弁当で一番大事な食材は、コメ＝ご飯であり、これは是非とも本物の有機米を使用し、他の食材も可能な限り自然・健康で、出来る限り化学添加物不要の冷凍弁当に仕上げ、品質本位の弁当を実現する。

ⅱ 弁当誕生一二〇年経っても、温かく作った弁当を冷たく食べるのでなく、温かい弁当は温かく食べられるよう、冷凍弁当にして流通性を高めた上で電子レンジ等で加熱して出来立て同様温かく食べる。

ⅲ 現在の弁当の消費期限は駅弁で一二時間、コンビニ弁当で二四時間とされているが、冷凍弁当にすることで、一切の保存のための食品添加物が不要となるうえ、消費期限は年単位にまで伸ばせる可能性があり、販路は世界に広げることが出来る。

こうして本物・自然・健康の究極の弁当は、主要食材のコメなどに有機米を使った高品質冷凍弁当しかない、との結論のもとに、一九九八年（平成一〇年）電通ネーミングの「オーベントープロジェクト」が始動した。

世を揺るがした二〇〇〇年の雪印乳業の大食中毒事件も、二〇〇一年のBSEの日本発症も起こる前で、食品の安全性が騒がれる前のことだった。

確かにオーベントーは、一九九八年アメリカのカリフォルニアで製造・販売を計画したが、それは当時の日本には有機認証の制度すらなく、アメリカでカリフォルニア州認証のオーガニック米を調達する以外に方法が無かったのと、世界に売り込むには、先ずアメリカで売れて初めて世界市場に挑戦できるという先訓があったからだ。日本で有機米が手に入るなら、はじめから日本で製造し、アメリカその他の国に輸出販売をかけていたのである。

新しく作る冷凍オーベントーには、世界最高の品質を求めた。ご飯の味を重視し、優れた衛生管理のもと合成保存料など一切使わない安全性、冷凍保存が出来て、食べたいときに温かく食べられ、リーズナブルな値段が売り物であった。

・弁当にとってもっとも大切なコメについては、日本では有機米の調達が出来なかったので、米国カリフォルニアのランドバーグ社製のカリフォルニア認証（CCOP）「あきたこまち」を年間三〇〇トンほど使用した。

・牛肉については、（株）スターゼンのアメリカ関係会社により、抗生物質の使用を生後の短期間に抑えた「ナチュラルビーフ」と呼ばれる高品質なものを使用した。

・鶏肉も、当初はペタルーマ社、後にフォスター・ファームズ社の厳選されたものを使用した。

・また豚肉については、ノーマン社のSPF豚（特定病原不在飼育の豚）を使い、野菜については、カリフォルニア産を中心に殆どオーガニックで、考えられる最高の素材をそろえることが出来た。

有機食材使用の「究極の弁当・オーベントー」

オー弁当の基本メニューと販売価格は、

牛すき焼き　大　六〇〇円　小　三三〇円
鶏ごぼう　大　六〇〇円　小　三三〇円
鮭チラシ　大　六〇〇円　小　三三〇円であった。

3　オーベントーをアメリカから世界に

①アメリカでオーベントーを作る困難

究極の弁当「オーベントー」が出来て、日本のみならず世界に売るとなると、先ずアメリカで作って、アメリカで売って、成功してから、これを世界に売り出すという計画になる。

そのために、カリフォルニア産のオーガニック米を供給してくれているランドバーグ社の近くでサンフランシスコ郊外のフェアフィールドに「NREワールドベントー社」の工場を建て、出身が一二か国にも及ぶ働き手を集め、ランドバーグ社のオーガニック米など選りすぐりの食材を調達し、計画通り冷凍弁当を製造できるか？それを小売りの強いアメリカで販売できるかどうか？であった。

そこでオーベントー販売計画策定に当たっては、当然にアメリカでの販売を促進することとするが、それが軌道に乗るまでは、日本に輸入して日本で販売することも想定し、日本農水省に計画の概要を説明した。米国産冷凍弁当を輸入する場合、輸入数量や「肉や魚の加工調製品」として関税法上低関税で輸入できる制度の適用などについて相談に乗って頂き、計画の妥当性に問題の無いことを確認し、逆に担当官からは良いプロジェクトだと激励されて帰ってきた。

i　現地のNREワールド・ベントー社の役員構成は、初代社長には、かつてグリーンハウスの子会社のシニー・リトルジャパン出身のJ・シュナック氏、私が非常勤の会長、非常勤取締役には有機米供給のランドバーグ社グラント社長、カリフォルニア財界OBの山田治氏になって頂いた。山田治氏は元バンク・オブ・カリフォルニアの頭取でカリフォルニアでは大変人望の厚い方で、特にお願いして非常勤取締役を受けて頂いた。

ＮＲＥ、ＪＲ東日本商事からの現地派遣社員は、二〇〇〇年から七年間で石川敏彦氏、藤村玲氏、古屋博氏、山本聡氏、正木文法氏、大家俊夫氏など六人に交代で駐在していただいた。

ii　経営に当たっては、食品他社のアメリカに進出企業数社の幹部からアドバイスや失敗事例などを教わったり、駐日アメリカ大使館農産物協会はもとより、現地駐米サンフランシスコ総領事田中均氏、カルフォルニア州政府などの歓迎も追い風に、資金面でも、利益計画でも五〇％くらいの余裕を見て計画を進めた。ところが、当時アメリカ経済もバブル状態に陥り、建設費は高騰するし、二〇〇二年にはカリフォルニアの電力の供給まで危ぶまれる始末で、目算はすぐはずれ、当初から悪戦苦闘が始まった。

iii　オーベントーづくりで一番困ったのは、アメリカでは農務省（ＵＳＤＡ）の定めにより、錆（さび）の出る恐れのある鉄製の釜では米が炊けないことだった。結局、用意していた日本製の炊飯ラインは使えず、折角のオーガニック米でも、ご飯が美味しく炊けなければ、弁当にならず、皆、絶望した。

この時は、ブレンテック（ＢＬＥＮＴＥＣＨ）社製の「食品攪拌機」（総ステンレスの大きなドラムにスクリュウーを内蔵した「大型の蒸し器」）をほぼ一年がかりで改造し、釜で炊くのと変わらない「新蒸飯機」に作り上げ、「蒸らし」工程を追加してのりこえた。アメリカには概念の無い炊きあがった後の「蒸らしの工程」も苦心の末入れたのだった。

これを成し遂げてくれたのは、ＮＲＥの若菜輝夫常務と佐藤憲雄シェフなどだった。

iv オーベントー製造の安全衛生管理については、フェアフィールドの工場にアメリカ農務省の専門官が常駐しチェックしており、アメリカ農務省の衛生管理基準をクリアしなければならないが、ＮＲＥでは既に日本でアメリカのＨＡＣＣＰ（危害分析重点管理法）の実績があったので、問題を起こすようなことは無かった。

v 冷凍処理は電気を使わず液体窒素冷凍（マイナス一九六℃）によって冷凍商品化し、マイナス二〇℃以下で流通させることとし、日本へは商船三井の冷凍コンテナで一一日かけて運んだ。

vi また使用しているパッケージは中央化学（株）と三菱商事の出資しているＣ＆Ｍ社製のポ

リプロピレンやタルクを用い安全で環境にいいものに限定して使用した。

こうして、日本発世界の究極の弁当として「オーベントー」は三年の準備の末アメリカ・カリフォルニアの地で何とか予定通り商品化でき、アメリカ市場へのチャレンジが始まった。

②アメリカでオーベントーを売る困難

正直に申し上げると、当時NREワールドベントー社が日産一万食からスタートするオーベントーは具体的な販売計画は固まっておらず、日本での弁当販売の実績などから、アメリカの有名なホール・フーズ、トレーダー・ジョーズなどの自然食品マーケット、航空機の機内食、軍や警察の保存食、家庭用など多面的な対応が可能なので、優先順位を付けながら販売促進をかける予定だった。

i アメリカの食品小売業は、一般的に市場支配力が強いうえに、冷凍食品を下に見る傾向は日本と変わらず、オーベントーに売り場棚を与えられても僅かで、販売数も少なく、売り上げを飛躍的に伸ばせる可能性は中々つかめなかった。

ⅱ 機内食は全日空サンフランシスコ線などで一時期試験的にビーフと鶏ごぼうオーベントー
を取り上げて頂き、私も搭乗時に食べ、機内食としてイケそうだと思ったが、正体不明の人物
がNREを中傷するなど妨害が発生し、警戒した全日空は直ぐにやめてしまった。

ⅲ 家庭用販売については、当時アメリカでは日本のヤマト運輸などと違って、冷凍宅配のシ
ステムが無く、家庭への冷凍品の通信販売などは困難だった。
ただスポット販売として、ロサンゼルスで、中国人、韓国人向けの根強い需要があり、アメ
リカ西海岸ではまずまずの売れ行きだった。

ⅳ NREワールドベントー社の社員数は全部で六〇人ほどで、労働組合の結成などはなかっ
たが、二〇〇〇年だったと思うが、幹部管理職間でセクシュアルハラスメント事件が発生し、
事件直後退職した当事者が会社相手に損害賠償を請求して訴訟となった。
弁護士の判断では、会社に勝ち目はなく、賠償額は懲罰的賠償として青天井になり会社倒産
の危機さえあるとのことで、和解に持ち込み二〇万ドルほどの和解金で決着することが出来た。
事件の真相は、当時明確には分からなかったが、どうも意図的な事件だったことが否定できず、

事件に巻き込まれたJ・シュナック社長には、一九八八年の会社設立準備から三年程実績を上げて頂いたが、辞めていただくこととなった。

ただ、この事件の衝撃は大きく、会社として注意しても、同種の事件の再発の危険性は幾らでもあり得るということで、海外ビジネスの厳しい現実を突き付けられた。

v 二〇〇一年には、後任のNREワールドベントーの新社長に、JR東日本の幹部候補生で、かつてNREに出向経験のある旧知の西崎俊文氏に就任していただいた。西崎社長時も、課題はオーベントーの販売促進で、私の発案で東海岸のニューヨークでの重点販売を計画し、日本の企画会社によるセールスキャンペーンを実施したが、企画力不足で、ほぼ不発に終わり、オーベントーのニューヨーク上陸作戦は上手くいかず、西崎社長にはご苦労ばかりかけてしまった。

そして、遂に二〇〇三年一二月に、アメリカでBSE（牛海綿状脳症）が見つかり、一二月二六日には日本がアメリカ産牛肉の輸入を禁止した。これをもって日本農協の反対にあっても耐えてきた「日本発世界にオーベントー」プロジェクトも名実ともに決定的な中止のやむなきに至るのである。

このころには、NREワールドベントー社・社長はJR東日本の幹部候補生の小林基行氏に代わっており、小林社長が最も困難な最後の撤退作戦を完遂してくれた。

なおオーベントーの最終的な生産終了は、現地工場売却が決まる二〇〇七年まで続いたようで、最後の製造品目は「豚生姜焼」、「チキンカレー」だったとの記録が残っている。

③日本への輸入では全農の猛反対にあう

NREワールドベントー社には、先ずオーベントーの予定通り一日一万食の生産に注力し、次にオーベントー販売営業に着手するよう指示をしており、当初から綿密な販売戦略は持ち合わせず、オーベントーの商品力を信じて着実な販売活動を進めることとしていた。

こうしてオーベントーは、二〇〇一年四月から試作生産に入り、当初日産一万食をアメリカで販売する予定を、準備の整わないアメリカでの販売を秋に繰り下げ、日本での輸入販売を先行し、二〇〇一年七月一七日を販売開始日とした。

ところが日本での販売開始の直前に、待ってましたとばかりの日本の全国農業協同組合連合会（全農）が一〇万人の農家の反対署名を港区のNRE本社に送りつけるとともにオーベントー輸入販売の猛反対運動を始めた。

しかしＮＲＥとしては、アメリカから世界に売ろうとしているオーベントーの日本での輸入販売は事前に農水省などに説明済みで、正当かつ合法的な輸入販売行為なので、全農に反対されたからと言って、止めるわけにもいかず、日本での販売を続けさせていただいたが、矛先は親会社のＪR東日本に向かった。

新宿駅南口のＪR東日本の本社に、二〇〇一年六月二九日、堀之内久雄元農相、松岡利勝前農水副大臣など農水族国会議員が一〇人ほど黒塗りの車で車列をなして乗りこみ、全農と歩調を合わせて発売中止を申し入れてきた。

これに対しＪR東日本の細谷英二副社長は、消費者のコメ離れを止められない日本農業にとって「むしろコメが見直されるきっかけになるのではないですか」などと申し上げ、お客さんが食べてみたいというオーベントーの「発売見合わせはできません」と発売中止要求を拒んだと報道された。

ii　今だから語れる話だが、日本の全農、農水族議員がオーベントー猛反対の中、相前後して、駐日アメリカ大使館から一本の電話が入った。

アメリカ大使館からの電話は「二〇〇一年一〇月のアメリカのブッシュ大統領の訪日予定時の日本での計画行事として『ブッシュ大統領が東京駅でオーベントーを買い求めるシーン』が

候補に挙がっている」というものであった。ついてはJR東日本、NREに協力を頂きたいということで、関係者間で東京駅の図面の提出など密かに準備作業が進められた。

然しブッシュ大統領訪日は、九月一一日にニューヨークのワールドトレードセンター攻撃テロ事件が発生し、ブッシュ大統領の訪日自体が流れてしまい、「大統領のオーベントー買い」の話も消えてしまった。アメリカ大使館の意図、本気度は不明ながら、オーベントー騒動をめぐって水面下で日米の反対・推進の衝突シーンが起こる恐れがあったことになる。

日本でも二〇〇一年九月にBSEが発症し、食品の安全性が根底から揺らぎ、二〇〇三年にアメリカでもBSEが発生し、アメリカ産牛肉の使用が出来なくなり、これが致命傷となってオーベントー営業は最終的に断念するのであるが、私もこの年の一二月に一七年弱勤めたNREを辞めることが決まり、NREのオーベントープロジェクトは幕を下ろすこととなった。後任に荻野洋氏が副社長できて、社長に就任、オーベントープロジェクト全体の始末を付けてくれた。

4 オーベントーは日本農業再生への象徴的プロジェクト

①全農、マスコミに見るオーベントー騒動

日本発アメリカで作った世界の弁当＝オーベントーは、二〇〇一年七月日本への輸入販売に当たり全農や農水族議員の猛反対にあったが、それを見たマスコミは全農側の短絡的な反対を批判し、日本農業の再構築をはかるべきと正論を展開した。

オーベントー騒動が日本農業再生問題に発展することとなったのである。

i 先ず、全農のオーベントー輸入反対の趣旨は、

・日本農業は米が余り、減反や青田刈りまでやっているので、アメリカから弁当を輸入するのは控えて欲しい。

・日本農業は、食料自給率向上を国民的課題として取り組んでいるので外国から食料を輸入するのはそれに反するというものであった。

ii 我々NREの主張としては、オーベントー輸入販売は、日本に無いオーガニック米使用の高品質冷凍弁当の輸入であり、適法かつ正当なビジネスであり、反対される謂(い)われはない旨申し上げた。

・当時日本では調達できないオーガニック米使用の高品質冷凍弁当を、アメリカで商品化させて、アメリカで販売するとともに、日本にも軽減関税で輸入するためには、コメの加工食品として適法な輸入手続きが必要となる。ＮＲＥとしては輸入手続きに誤りの無いよう事前に農水省など関係各所に相談に伺い、適法で正当なビジネスとして認めて頂いたもので、全農に抗議されたからとて、すぐに止めるわけには参らないと申し上げた。

・また、全農の主張するオーベントー輸入反対理由の「コメ余り、減反、青田刈り問題、或いは食料自給率の著しい低下」など日本の農業・食料問題は、僅かな量の「オーガニック米使用のオーベントー輸入問題」などとは次元を異にする食料安全保障上の重要課題であった。

iii　オーベントー輸入問題騒動は、マスコミでも大きく取り上げ正論を展開し、

二〇〇一年七月一二日毎日新聞・記者の目で塚本弘毅氏は「米国からの輸入弁当—短絡的拒絶より現実直視—農業再構築を考えるとき」というように、全農の短絡的な反対よりも農業改革の必要性を力説する指摘が大勢を占めていた。

その他の主なマスコミの論調は、

・朝日新聞・記者は考える（二〇〇一年八月二四日）村田泰夫編集委員の

「オーベントーはＮＲＥ社の戦略商品だ。合成保存料や添加物は極力使わない。自然で本来

の素材の良さを生かした高品質な弁当にしたい。」

「ＮＲＥ社が有機米を探し始めたのは三年前、そのころ農協は有機農産物の生産に熱心ではなかった。消費者のニーズは食の安全に向かっていたのだから、当時から対応していれば、大口の顧客を米国に追いやることは無かった。」

「今からでも遅くない。農協は有機米の生産に本腰を入れたらどうか。消費者ニーズを無視して日本農業は成り立たない。」と結んでいた。

・またＮＨＫは先ず二〇〇〇年一一月六日「経済最前線」でオーベントー製造の取り組みについて「究極の自然食弁当を語る」で取り上げ、「オーベントー製造プロジェクトにたどり着くまでのコメ食文化における自然回帰の重要性に対するＮＲＥの経営理念を紹介していた。この番組のまとめで嶋津八生キャスターは、「外食産業で海外に進出した企業は今までにもあった。しかしそれはアメリカ米の安さだけを狙って進出したが、消費者には受け入れられなかった。しかし今回のＮＲＥの場合には、当然安さもあるが、品質を追求するという一貫した姿勢が感じられる。日本の消費者に如何評価されるか要注目である。」と締めくくっていた。

また二〇〇一年七月三一日のＮＨＫ・ＢＳ第一で「輸入弁当　アメリカの期待」（追間崇ディレクター）は四五分の特集で「日米農産物交渉の厳しさの中で、オーベントープロジェクトの果たす役割と七月一七日の日本での初販売時の消費者の肯定的な反応」を伝えていた。特に、「七月一七日の日本での初販売の時の消費者の肯定的な反応に対して、農業団体の相変わらずの反撥（はんぱつ）の様子」を伝えて、品質を求めるビジネスの価値の高さと現実対応の難しさをリアルに報じていた。

・二〇〇一年七月一八日の読売新聞では「ＪＲ輸入駅弁騒動―国内有機農業弱さ浮き彫り―認定農家僅か一〇〇〇戸」「日本でも政府と生産者が連携した有機農業拡大への取り組みが不可欠になっている。」などが代表的論調だった。

各紙の見解はいずれも正論で、日本における有機農業の取り組みなど真の農業改革の必要性を強く説くものであった。

iv こうして七月後半の一時期、オーベントー騒動はＮＲＥ・ＪＲ東日本、全農・農水族議員に、ブッシュ大統領の訪日に合わせてアメリカ大使館まで参戦する構えで、マスコミを通じて大騒動になり、一大政治問題に発展する恐れすら出ていた。

ｖ 突如出てきた反対運動側の「幕引き妥協案」。

当時のオーベントー騒動を振り返った時に、もしＮＲＥがＪＲ東日本の子会社でなければ、こんなに大騒動にはなっていなかったのではないかと思われる。

全農や農水関係の族議員は、オーベントーを輸入したＮＲＥがＪＲ東日本の子会社であることから、強硬な反対行動をとれば、多数の農家などの声を無視できないＪＲ東日本やＮＲＥは、ひざを屈し、頭を下げ、敗退すると見ていたようだ。

ところがＮＲＥとＪＲ東日本はビジネスの適法、正当性を主張し簡単に引き下がらず、マスコミ、世論もＮＲＥ・ＪＲ東日本側にあるうえに、ブッシュ訪日を目前に控えて、全農や農水族議員側は情勢不利と見たのか、突如オーベントー反対の「幕引き提案」をはかってきた。

全農の猛反対開始から一か月以上経ったある日、或るルートで、出所不明の「幕引き妥協案」が口頭で提示されてきた。「この幕引き妥協案をＮＲＥが飲めば、オーベントーの販売を継続してもいい」という話だった。

そこで、私ＮＲＥは「この幕引き案は絶対に飲めない。拒否する。飲めと言うなら、今ここでＮＲＥの社長を辞任する。」と言って席を立ったのだったが、この出所不明の「幕引き提案拒否」を以て、あれほど激しかった反対運動はぱったり鳴りをひそめた。

② キッコーマンに学ぶオーベントー挫折の真相

こうして日本発アメリカから世界に向けてのオーベントープロジェクトは一九九八年にスタートし、二〇〇一年にアメリカでオーガニック米を使った高品質冷凍オーベントーを計画通りに生産できたが、アメリカでの販売に当っては根底に「コメ食文化の現地受け入れ」という高いハードルがあって、ありきたりの販売戦略では歯が立つはずもなく、二、三年で成果を上げるなど到底無理な話だった。

そのため、日本に約半数のオーベントーを二〇〇一年七月より輸入販売したところ、全農の猛反対に会い、更には加工食品としての輸入手続きミスも発生し、二〇〇一年九月日本でもBSEが発生するなど、日本での販売は継続出来たものの、とても成功とは言い難かった。最終的にはアメリカでも二〇〇三年BSEが発生し、牛肉の使用が出来ず、翌二〇〇四年にはオーベントーの製造販売の中止のやむなきに至った。

結局オーベントー失敗の原因は、日本での全農などの反対もこたえたが、やはりアメリカでの販売が予想を上回る困難に会い、うまくいかなかったことが主因だった。

失敗の原因を振り返ると、食べ物、特に弁当のような生活の主食は、コメ食文化そのものであり、その食文化が現地に受け入れられない限り、販売の成功にはならないように思えた。

例えば納豆は優良常用食品の最たるものだが、東日本では好まれて食べられても、関西ではあまり好まれていないように、納豆をいきなりアメリカに持って行って売っても、徒労に終わるのは目に見えている。これが異なる食文化の海外進出の難しさだ。

私はオーベントー販売に当たり、米国キッコーマン社に勤める大学後輩の苦労話を聞かされ海外ビジネスの難しさを実感した。

苦労話とは、キッコーマン社が、一九七三年にアメリカ・ウィスコンシン州に「醤油醸造工場」を建設し、醤油を醸造して、アメリカ市場で売れるようになるまで、三〇年もかかったと言っていた。しかもキッコーマン社は、その一六年前に日本から持ち込んだ醤油を販売する米国販売会社を設立してセールス活動を開始していたのにである。

何故、アメリカで日本の醤油が売れるようになるのに五〇年近くもかかったかと言うと、日本料理の味を代表する醤油は食文化そのものだからだ。米国キッコーマンが醤油を売り出すと、直ぐにアメリカの会社が、アメリカ人好みの「合成ショウユ」などを売り出し、本物の醤油は中々買ってもらえなかったそうだ。

アメリカ人が醸造食品文化を受け入れるには、半世紀近い時間がかかるということだ。

今や多くのアメリカ人は肉を醤油に浸して焼く＝テリヤキを好んでいて当たり前になって、

アメリカでは醤油のことを「キッコーマン」と呼んでいる。キッコーマン本社の海外事業は今や売り上げで四六％にもなって大成功のようだ。

③世界のオーベントーに飛躍すれば日本農業は再生できる

i　戦後の日本農業は、連合国総司令部（ＧＨＱ）の農地開放によって誕生したピーク時六〇〇万戸（二〇一五年一三三万戸）もの自作農家の所得を都市生活者並みに引き上げるため、食料管理法によって政府がコメを一手に買い付ける高米価政策を農政の柱とした。この生産農家偏重政策で、本来導入すべき需要と供給によって決まる市場原理に基づく農業政策はとり得なくなった。

その結果、消費者は、食生活の多様化が進む中、諸外国の数倍の高価格のコメを買わされ、コメ離れが加速し、ピーク時から四〇年間でコメの消費量は半減し、減り止まらなくなった。

そのため国は、累増するコメの生産余剰解消策として、生産農家に減反、青田刈りを奨励し、休耕田、耕作放棄地の増大による国土の荒廃を招き、食料安全保障確立のための農業振興とは真逆の本末転倒の失敗農政との批判を受け今日に至っている。

ⅱ　また、食料自給率の低下も、終戦直後八八％と言われた国内自給率が、今やコメだけが一〇〇％超えで、野菜も八〇％ほどあるが、その野菜の種は東南アジアなどから輸入の雑種一代種で、実質、野菜の自給率は八％といわれている。

麦、大豆、トウモロコシなどの穀類は自給率一〇％以下で、肉類も飼料は殆ど輸入で実質自給率は一〇％程度と言われている。トウモロコシの九割、大豆の八割、小麦の六割をアメリカから輸入している。しかも、小麦は未だだが、トウモロコシや大豆は殆どが遺伝子組み換え作物だ。

こうして日本の食料自給率はカロリーベースで三八％といっているが、輸入種、輸入飼料などの要素を考慮すると、実質の食料自給率は一〇％前後と言われ悲劇的な状況で、「国民的課題」などと言う悠長な話でなく、「食料安全保障上重大危機」に陥っているのである。

ⅲ　更にアメリカのバイオメジャーは、いよいよコメまで特許権付きの遺伝子組み換え種（GM種）にして、自由貿易の原則を盾にこのGM種を日本に持ち込もうとしている。

これが入ってくると、日本農家は自家採種が出来ず、毎年バイオメジャーからGM種と肥料をセットで買い続ける農業になってしまう。種をモンサントなどアメリカバイオメジャーに支配され、我が国の農業主権まで失われると日本農業は崩壊し、いよいよアメリカの完全属国に陥ることとなる。

結局、今や我が国の食べ物の品質は劣化が進み、「農業、畜産などの工業化による農薬、化学物質常用、究極の感染症ＢＳＥ（牛海綿状脳症）の発症」や「加工食品の化学添加物依存」さらには「遺伝子組み換え食品の当たり前化」、「バイオメジャーによる特許権付き遺伝子組み換え種の農業支配の恐れ」など日本の農業、食品など食料問題は危機的状況なのである。

ⅳ　このままで日本農業崩壊の恐れは多分にあり、心ある農家や地域農協は、何時までも「工業品中心の自由貿易主義」の中央政府に頼ることなく、地方政府、消費者、外食、食品業界などと直結して「自然種を守る日本農業」を貫き、日本の食料安全保障の確保のため立ち上がるべき時が来たようだ。

アメリカ・バイオメジャーの「特許権付きＧＭ種による日本農業支配」を食い止めるには、農業生産者と消費者、外食、食品業界などが御用達の信頼関係を築き「優良自然種を守り抜く有機農業」を拡大して対抗する以外に道はない。

消費者・顧客に支持された「強い有機農業」の拡大によってのみ、アメリカ・バイオメジャーのＧＭ種による農業支配を制限でき、優良国産在来種による独自固有の日本農業を発展させることができるのである。

この動きは既に地方の反乱として始まっている。

二〇一八年に日本政府は自由貿易ＴＰＰ協定締結を見越して「主要作物種子法」を廃止したが、これに地方自治体が猛反対して「これまでどおり都道府県による品種改良と種子の提供ができるよう」種子法と同じ内容の条例制定の動きが広がったことだ。

地方独自の種子条例制定の動きは、二〇一八年の新潟県、兵庫県、埼玉県を皮切りに、二〇二三年には三三の県に広がり、種子をめぐる「日米の種子戦争」は既に始まっている。

v このような状況下で、オーベントーは弁当革命による本物、自然、健康の高品質冷凍弁当の世界に向けた提案であったとともに、実は日本農業再生を願って始めたプロジェクトでもあった。

確かにオーベントーは、アメリカで製造販売していたが、そのわけは当時主力食材の有機米僅か三百トンすら日本には無く、アメリカでカリフォルニア州認証のオーガニック米を使わざるを得なかったことと、世界にオーベントーを売るには先ずアメリカで成功する必要があったからで、日本に有機米があれば、当然日本でオーベントーを作り、アメリカ、世界を相手に提案、販売したものであった。

私はかねがね、「日本の有機米を使った高品質冷凍弁当が世界で沢山売れ、日本にも有機米嗜好の動きが加速し、有機米指向の有力な同業者が一〇〇社も出てくれれば、日本のコメ農家の一〇％以上が有機米生産農家に変わり、改良を重ねた在来種を守り切り、一方的なアメリカのバイオメジャーの『種の日本支配』を制限でき、日本農業再生の可能性は残っている」と考えていた。

日本のコシヒカリ、ササニシキ、あきたこまちの様な優れた在来種を守り、有機農業によって生産し、オーベントーのような世界最高の品質のご飯に炊き上げ、厳選された食材と合わせて冷凍弁当に仕立て、最低でも六か月の消費期限をもって世界の多くの人々に食べてもらったら、日本の有機農業は益々盛んになり、日米種子戦争に一方的に負けることもなく日本農業の再生発展は十分に可能である。

私の夢は、オーベントーが「世界のオーベントーになれば、日本農業再生の第一歩になる」と言うものであった。

古(いにしえ)より日本は君民一体の農業国である。農業は国家の大本で、農業の発展と食料自給は、今や最大の国家安全保障である。

これからの日本が目指すべきは「農・工商両全国家」の建設であり、有機農法拡大による早急な日本農業の改革再生が必要なのである。

一九八七年の国鉄改革で始まったJR東日本住田社長、日食加賀谷社長間での激しい「日食不要、必要論争い」が決着し、日食がJR東日本の直系重要子会社になれたのが一九九六年。

日食が、社員の驚くべき努力で「奇跡の大チェンジと日食正直改革」を遂げて、日本レストランエンタプライズ（NRE）となったのは一九九八年である。

更に同年「NRE有機主義宣言」のもとに、世紀のオーベントーを世界に提案して、日本でも販売する直前に、全農の猛反対で大騒動になり、日本の農業改革問題にまで発展したのが二〇〇一年。

日本でBSEの発生が二〇〇一年九月、アメリカでのBSE発症は二〇〇三年一二月で、これが、米国での販売不振で挫折していたオーベントープロジェクトに止めを刺し、同プロジェクトの挫折終了は、事実上二〇〇四年であった。

私も、二〇〇三年一二月に、NRE社長を辞任した。

なお遡って、二〇〇〇年三月には東海道山陽新幹線の列車食堂車が最終的に廃止されており、これを以て我が国の主たる列車食堂営業は終了したのだった。

その後の日食ＮＲＥは、

ｉ　二〇一一年　鉄道会館の子会社（株）デリシャスリンクを吸収合併

ii　二〇一九年　列車内車内販売業務、新幹線グランクラス、在来線普通グリーン車内アテンダント業務の分離　↓（株）ＪＲ東日本サービスクリエーションへ譲渡

これでＮＲＥの列車内販売営業も終了した。

iii　二〇一九年　ＪＲ東日本フードビジネス（株）と合併しＮＲＥが存続会社となるが、新社名は、（株）ＪＲ東日本フーズ。

iv　二〇二〇年に、（株）ＪＲ東日本リテールネット、（株）ＪＲ東日本フーズ、（株）ＪＲ東日本ウォータービジネス、（株）鉄道会館の四社を合併し、ＪＲ東日本クロスステーションに統合された。（存続会社はＪＲ東日本リテールネット）

これによれば、二〇二〇年にＮＲＥの後身ＪＲ東日本フーズは他の三社とともに、存続会社ＪＲ東日本リテールネットに事実上吸収合併され、社名も小売り系のＪＲ東日本クロスステーションとなり、外見するところ、創業が一九三八年の日食ＮＲＥは、八二年の歴史を閉じたようである。

こうして列車食堂・車内販売の日食ＮＲＥが、鉄道界からほぼ消え去ったことは誠に残念である。そうであればなおのこと、国鉄改革後、日食ＮＲＥが「奇跡の大チェンジと正直改革」を遂げ大復活した真実の経過と世界へ挑戦したオーベントーの提案、騒動、挫折の真相を忠実に記述して置く必要性があり、ここに記録として残させて頂いた。

ところで本書執筆の切っ掛けであるが、国鉄改革後の日食ＮＲＥの奮闘話は、事実上の日食ＯＢ会長の高木始氏が簡潔なメモに残しておられ、それを見る度に、国鉄改革に並ぶ鉄道関連事業改革史の存在も必要かつ重要と考えるに至り、我が国の代表的な列車食堂・車内販売会社日本食堂ＮＲＥの話だけでも書き留めておきたいとの思いで、本年四月より書き始めたのだった。

私もＮＲＥを去って既に二〇年余、薄れた記憶の中で、高木メモ、『日本食堂六〇年史』、拙著『品質求道』（東洋経済新報社）などを頼りに、ここに「実録 日本食堂正直改革―国鉄改革の一真相―」と言う小史にまとめることが出来、これで私の最後の務めを果たし得たと思っている。

本書の執筆に当たっては、元日刊工業新聞論説委員の高木豊氏から特段のアドバイスを賜り、元日本食堂NREの三木洋一氏、平井進氏、高木始氏、黒田裕氏、柳下敦氏、樋田秀史氏、杉山洋氏、佐藤憲雄シェフ、本田光信調理長のご協力を得ました。特に黒田氏からは当時の列車内販売の現場情報を頂き、ハンディーPOS開発の樋田氏にはパソコンでの面倒な編集作業ありがとうございました。

また出版に当たり晶文社の太田泰弘社長、川崎俊副社長、川上勝広参与、木下修顧問、めるくまーる梶原正弘社長には大変お世話になり厚く感謝申し上げます。

竹田正興

令和六年一一月吉日

著者紹介

竹田正興（たけだ まさおき）

一九四〇年新潟県生まれ。一九六三年一橋大学法学部卒業、日本国有鉄道入社。職員局労働課課長補佐、警察庁茨城県警出向。広島鉄道管理局総務部長、経理局主計課長などを経て一九八七年日本食堂株式会社（旧、株式会社日本レストランエンタプライズ）入社。一九九六年同社社長就任。二〇〇三年一二月同社退社、国土交通省運輸審議会委員に就任。二〇〇八年一〇月運輸審議会会長、二〇〇九年一二月財団法人交通協力会会長、二〇一一年社団法人日本交通協会副会長兼理事長。二〇一四年、同会長。

著書：『品質求道』（東洋経済新報社）、『安全と良心　究極のリーダーシップ』『新版　安全と良心―安全立国への道』『危うい国、日本―防備不足の罠』（ともに晶文社）などがある。

実録（じつろく）　日本食堂（にほんしょくどう）の正直改革（しょうじきかいかく）
―国鉄改革の一真相―

二〇二四年一二月二五日初版

著者　竹田正興
発行者　株式会社晶文社
東京都千代田区神田神保町一-一一　〒一〇一-〇〇五一
電話（〇三）三五一八-四九四〇（代表）四九四二（編集）
URL https://www.shobunsha.co.jp/
印刷・製本　ベクトル印刷株式会社

ISBN978-4-7949-7456-3　Printed in Japan